카르멘

부클래식
010

카르멘

프로스페르 메리메
변광배 옮김

부북스

차례

일러두기

-번역에 사용한 대본으로는 프랑스 갈리마르(Gallimard) 출판사의 플레이야
드 총서(Bibliothèque de la Pléiade)에서 1951년에 간행된 메리메의《소설과 단편
(Romans et Nouvelles)》에 포함된 Carmen(609-666쪽)을 이용했다.
-(역주)표시가 없는 것은 원저자의 주이다.

여자란 쏠개즙처럼 쓰다. 그래도 여자에
겐 두 차례 좋은 순간이 있으니, 잠자리
와 영원한 잠자리에서가 그것이다.[1]

-팔라다스[2]

---

1 원문에는 희랍어로 되어 있다.(역주)
2 5세기경 알렉산드리아에 살았던 시인이자 문법학자.(역주)

제 I 장

지리학자들이 문다[3]의 전쟁터를 바스툴리 포에니 지방에, 즉 현재의 몬다[4]와 가깝고, 마르베야 북쪽으로 이십 리 정도 떨어진 지점에 위치시킬 때, 나는 그들이 그 내용을 정확히 알지 못하면서 그런 주장을 하는 것은 아닌가 하는 의심을 항상 품어 왔다. 〈스페인 전기〉[5]를 쓴 익명의 저자의 문헌과, 오수나 공작의 훌륭한 도서관에서 수집한 몇몇 정보로 미루어 요약해보면, 카이사르가 최종적으로 공화국의 옹호자들과 일전을 벌였던 기념할만한 장소

---

3 스페인의 옛 도시로 카이사르가 기원전 45년 폼페이우스의 군사를 격파한 곳이다. 이 전쟁으로 내전이 종식되고 카이사르의 통치권이 확고하게 확립된다.(역주)

4 지중해에 면한 스페인 남부의 항구 도시인 마라가 서쪽 삼십 킬로 지점에 있는 도시로 바스툴리 포에니 지방의 수도였다.(역주)

5 〈스페인 전기(Bellum Hispaniense)〉는 율리우스 카이사르의 《전기(Commentaires)》에 수록되어 있으나, 이 《전기》 가운데 〈갈리아 전기〉와 〈내란기〉만이 카이사르의 수기이고, 〈스페인 전기〉는 한 부하 장교가 쓴 것이라고 한다. "익명의 저자의 문헌"이라고 한 것은 그 때문이며, 〈갈리아 전기〉(1권)을 휴대하고 가는 것도 그 때문이다.(역주)

를 몬틸리야 근처에서 찾아야 한다는 것이 내 생각이었다. 1830년[6] 가을 초엽에 우연히 안달루시아에 머물렀던 나는 여전히 해결되지 않은 문제를 말끔히 해소하기 위해 꽤 오랫동안 답사를 한 적이 있었다. 가까운 장래에 논문을 한 편 발표함으로써 나는 성실한 모든 고고학자들의 머릿속에 여전히 남아 있는 불확실한 점을 완전히 해결할 수 있을 것으로 기대하고 있었다. 그렇지만 그 논문을 통해 전 유럽에서 해결되지 않고 있던 지리학의 문제가 마침내 해결될 것을 기다리는 동안, 나는 독자 여러분들에게 짧은 이야기를 하나 해드리려고 한다. 물론 이 이야기에는 흥미 있는 문제인 문다의 정확한 위치에 대한 그 어떤 편견도 포함되어 있는 것은 아니다.

나는 코르도바에서 안내인 한 명을 고용하고 말 두 필을 빌려서, 짐이라고는 그저 카이사르의 《전기》와 셔츠 몇 장을 가지고 출발했다. 하루는 카체나 평원의 고지를 헤매면서 돌아다니다 보니, 지쳐서 반 쯤 죽었고, 갈증으로 목이 바싹 마르고, 따가운 햇볕 아래에서 타들어간 상태였다. 이런 상태에서 나는 카이사르의 저서고 폼페이우스의 아들들[7]이고 간에 다 내팽개쳐버리고 싶었다. 바로 그 순간에 한참 걸어가던 길에서 꽤 떨어진 곳에서 골풀

---

6 메리메는 이 해에 처음으로 스페인에 갔었고, 두 번째의 스페인 여행은 1840년에 이루어졌다.(역주)

7 폼페이우스 장군의 두 아들 크네우스와 셔스투스는 아버지의 사망 후에도 계속 버티면서 싸우다가 크네우스는 기원 전 45년에 문다에서 카이사르에게 패하여 죽었고, 섹스투스는 그 10년 후에 죽었다.(역주)

과 갈대가 듬성듬성 나있는 푸른 잔디밭이 보였다. 그건 가까운 곳에 샘이 있을 거라는 조짐이었다. 실제로 가까이 가보니 잔디밭이라고 생각했던 곳이 늪이라는 것을 알게 되었다. 뾰족한 카브라 산맥 가운데 두 개의 높은 지맥 사이의 좁은 계곡에서 흘러나오는 듯한 시냇물이 그 늪으로 흘러들어가 사라졌다. 시냇물을 거슬러 올라가면 거머리와 개구리는 더 적을 것이고, 물은 더 시원할 것이고, 또한 어쩌면 바위들 사이에서 다소 그늘진 곳을 발견할 수 있을 것이라는 결론을 내렸다. 내가 탄 말이 계곡 입구에서 울어대자, 보이지 않는 또 한 마리의 말이 뒤에서 곧장 응수하는 것이었다. 백 보쯤 더 내딛자 계곡이 갑자기 넓어지더니, 높은 절벽에 둘러싸여 완전히 그늘이 진 일종의 자연적인 원형경기장이 그 모습을 드러냈다. 여행자가 이렇게 멋진 휴식처를 만난다는 건 불가능에 가까운 일이었다. 깎아지른 듯한 바위 밑에선 샘물이 거품을 일며 솟아올라 눈처럼 하얀 모래가 깔린 작은 못으로 떨어지고 있었다. 대여섯 그루의 초록색 떡갈나무가 바람을 피하고 샘물을 길어 올려 잘 자라서, 무성한 잎으로 짙은 그늘을 드리우며 못 주위를 에워싸고 있었다. 또한 못 주위에는 빽빽하고 윤이 나는 풀도 있었는데, 이 풀은 근처 백리 안에 있는 그 어떤 여관에서도 볼 수 없는 아주 훌륭한 잠자리를 제공해주고 있었다.

하지만 이렇게 멋진 장소를 발견한 영광은 내 몫이 아니었다. 벌써 한 사내가 그곳에서 휴식을 취하고 있었다. 내가 그곳에 발을 들여놓았을 때 그 사내는 자고 있었다. 말울음 소리에 잠이 깬 그는 일어나서 자기 말 옆으로 갔다. 말은 주인이 잠든 틈에 근처의 풀을 배불리 뜯어먹고 있었다. 그 사내는 평균 키에다 건장한 외모를 지녔으며, 어둡고 자존심이 강해 보이는 눈빛을 가진 청년이었다. 한때는 미남이었을 그의 얼굴색은 햇볕에 그을려 머리칼보다 더 짙은 색이었다. 그는 한 손으로는 말고삐를 잡고, 또 한 손으로는 구리 나팔총을 쥐고 있었다. 나팔총과 그 소지자의 거친 모습을 보고 처음엔 내가 조금 움츠러들었다는 사실을 고백해야겠다. 하지만 나는 도적의 존재를 믿지 않았다. 소문은 많이 들었지만 실제로 도적을 한 번도 만난 적이 없었기 때문이었다. 더군다나 착한 농민들이 시장에 가기 위해 완전 무장을 하고 있는 것을 여러 번 보았기 때문에, 총 한 자루만 보고 그 미지인의 심성을 의심할 수는 없는 노릇이었다. ─게다가 나는 이렇게 생각했다. '그가 내 셔츠 몇 벌과 엘제비르 판(版) 카이사르의 〈갈리아 전기〉를 어떻게 하겠어?' 그래서 나는 나팔총 소지자에게 친한 척 목례를 했고, 웃으면서 낮잠을 방해하지 않았느냐고 물어보았다. 응수를 하지 않은 채 그는 나를 머리서부터 발끝까지 훑어보았고, 결과에 만족한 듯했다. 이어서 그는 막 다가오고 있는 내 안내인을 관찰했다. 나는 안내인이 창백한 얼굴에 뚜렷한 공포를 보이며 멈춰서는 것을 보았다. 기분 나쁜 만남이군! 나는 속으로 이렇게 생각했다. 그러나 곧 신중하게 처신해 불안감을 내보이지 않도록 했다. 그래서 나는 말에서 내렸다. 안내인에게 말의 굴레를 벗기라고 말하고는 샘가에 무릎을 꿇고 머리와 손을 물에 담갔다. 그리고는 기드온[8]의 못된 병사들처럼 엎드려 물을 많이 마셨다.

그러는 동안에도 나는 안내인과 그 미지의 사내를 관찰했다. 안내인은 마지못해 다가왔으며, 그 미지의 사내는 우리를 해치고자 하는 마음을 먹고 있는 것 같지는 않아 보였다. 그도 그럴 것이 그는 말을 다시 풀어주었고, 처음에는 수평으로 들었던 총을 지금은 땅을 향해 들고 있었기 때문이었다.

그 나팔총 소지자가 나를 어떻게 생각하든 상관할 바 아니라고 생각했기 때문에 나는 풀 위에 몸을 누이면서 태연하게 그에게 부싯돌을 가지고 있는지 물었다. 그러면서 나는 여송연 갑을 꺼냈다. 계속 말이 없던 그 미지의 사내는 호주머니를 뒤져 부싯돌을 꺼내 내게 불을 붙여 주었다. 그는 분명 누그러진 모습이었다. 무기에서 손을 떼지는 않았지만 그래도 그가 내 앞에 와서 앉았기 때문이다. 여송연에 불이 붙자 나는 남아 있는 것 가운데 제일 좋은 것을 택했고, 그에게 담배를 피우느냐고 물었다.

"피웁니다, 선생님." 하고 그가 대답했다.

이것이 그 사내의 첫 마디였다. 이 사내가 'S'[9]를 안달루시아

---

8 기드온은 미디안 사람들과 접전하기 전에 하느님의 명령대로 삼백 명의 군사를 골랐는데, 이들은 요단강의 물을 마시기 위해 개가 핥는 것같이 배를 깔거나 무릎을 꿇고 엎드리지 않고 손으로 떠먹었다.《구약성서》,《사사기》, 제7장 4-5절을 참고.(역주)

9 안달루시아 사람들은 이 철자를 불안전하게 발음하여 치아 사이로 입김을 거세게 내뿜는다. 그렇게 하여 그들은 이 발음을 할 때 스페인 사람들이 연음의 'C'와 'Z'를 영어의 'th'처럼 혼동하여 발음한다. 'Señor'란 단어 하나를 발음하는 것만을 들어보아도 안달루시아 사람인 것을 알아볼 수 있다.

식으로 발음하지 않는다는 것을 알아차렸다. 그렇게 해서 이 사내가 고고학자는 아니고 그저 나와 같은 여행자라는 결론을 내리게 되었다.

"이거면 괜찮을 거요."라고 말하면서 나는 그에게 하바나 산(産) 고급 여송연을 하나 주었다.

그 사내는 가볍게 고개를 숙였고, 내 불로 여송연의 불을 붙이더니 다시 고개를 숙여 고마움을 표시했다. 그리고 나서는 아주 흡족한 듯이 여송연을 피우기 시작했다.

"아! 정말로 오랜만에 피우는군!" 하고 첫 모금의 연기를 입과 콧구멍으로 천천히 내뿜으면서 그가 말했다.

동양에서 빵과 소금을 나누어 먹는 것과 마찬가지로 스페인에서는 여송연 한 대를 주고받음으로써 우호의 관계를 맺게 된다. 그 사내는 생각보다 말수가 더 많았다. 게다가 스스로 몬틸리야 사람이라고 했지만 그 지역을 잘 모르는 것 같았다. 지금 함께 있는 이 매혹적인 골짜기의 이름도 알지 못했다. 그는 근처의 마을 이름 하나도 대지 못했다. 더군다나 이 근처에서 허물어진 성벽, 테두리 무늬가 있는 큰 기왓장, 조각된 돌 등을 보지 못했냐고 묻자, 그는 그런 것에는 전혀 관심을 가져본 적이 없다고 털어놓았다. 하지만 반대로 그는 말(馬)에 대해서는 전문가로 보였다. 그는 내 말을 낮게 평가했는데, 그것은 그다지 어려운 일이 아니었다. 그리고는 코르도바의 유명한 종마(種馬)의 종자라는 자기 말의 족보를 읊어대는 것이었다. 주인의 주장에 따르면 그의 말은 피로에 아주 강한 명마여서 구보나 속보로 하루에 삼백 리를 달린 적도 있다는 것이었다. 그렇게 한창 얘기를 하다 그 미지의 사내는 말을 너무 많이 한 것에 놀라고 화가 난 듯 갑자기 말을 그쳤다. 그리고는 조금 당황한 듯 "그땐 급히 코르도바에 갈 일이 있었지요. 소송을 위해 재판관에게 부탁할 일이 있었거든요……" 하고 어물거렸다. 그렇게 말하면서 그는 눈을 내리 뜨고 있는 안내인 안토니오를 쳐다보았다.

　나무 그늘과 샘에 아주 만족했던 나는 몬틸리야의 친구들이 안내인의 배낭에 넣어준 훌륭한 햄 몇 조각을 떠올렸다. 안내인에게 그것을 가져 오게 해 즉흥적으로 마련한 식사에 그 낯선 사람을 초대했다. 그가 오래 전부터 담배를 피우지 못했을지 모르지만, 내가 보기에 그는 분명 적어도 이틀 전부터 아무것도 입에 대지 못한 것처럼 보였다. 그는 굶주린 한 마리 늑대처럼 먹어댔다. 이 가엾은 작자의 입장에서는 나와의 만남이 천우신조였다는 생각이 들었다. 하지만 이 여행을 시작할 때부터 아주 수다스러웠던 안내인은 별로 먹지도 마시지도 않았다. 낯선 사람의 존재로 인해 그는 거북해 하는 것 같았다. 또한 그 이유를 분명히 짐작할 수는 없었지만 모종의 불신으로 인해 그들은 서로를 경원시하는 것 같았다.

　이윽고 빵과 햄의 마지막 부스러기가 다 없어졌다. 우리는 각자 두 번째 여송연을 피웠다. 안내인에게 말에 굴레를 씌우라고 말하고 나는 새로운 친구에게 작별 인사를 하려 했다. 그때 그는 나에게 오늘 밤을 어디에서 묵을 예정인지 물었다.

안내인이 보내는 신호를 알아차리기도 전에 나는 '벤타 델 쿠에르보'[10]로 갈 것이라고 대답하고 말았다.

"선생님 같은 분께는 어울리지 않는 숙소입니다만……, 나도 그곳으로 가는데, 좋으시다면 함께 가실까요?"

"기꺼이 그렇게 하지요."라고 나는 말에 오르면서 말했다.

나를 위해 등자를 잡아주던 안내인이 다시 한 번 눈으로 신호를 보냈다. 나는 전혀 문제될 게 없다고 그를 안심시키는 것처럼 어깨를 으쓱해 보이면서 응수했다. 그리고 우리들은 함께 출발했다.

안토니오의 이상한 신호와 걱정스러운 표정으로부터, 미지의 사내의 입에서 나온 몇 마디의 말에서, 특히 하루에 삼백 리를 달렸다는 말과 그것에 대한 믿기 어려운 설명 등을 통해 나는 이미 이 동행자의 정체에 대해 내 나름대로 결론을 내리고 있었다. 나는 밀수업자나, 아니면 도적을 상대하고 있다는 것을 의심하지 않았다. 하지만 뭐가 문제인가? 나는 스페인 사람들의 성격에 정통하고 있었기에, 나와 같이 음식을 먹고 담배를 피운 사람은 전혀 두려워할 필요가 없다는 것을 충분히 알았다. 심지어 이 사내가 옆에 있다는 것만으로도 우리가 나쁜 사람을 만나는 경우 보호를 받을 수도 있다는 생각이 들기도 했다. 게다가 강도란 대체 어떤 사람일까 하는 호기심마저 발동했다. 사람들이 저런 강도를 매

---

10 'venta del Cuervo' : '까마귀 여인숙'이라는 뜻이다.(역주)

일 만나는 것도 아니고 위험한 인물이 친절하고 고분고분하다고 느껴질 때 그의 옆에 있다는 것 자체가 매력적이기까지 했다.

나는 그 미지의 사내에게 차례차례 속내 이야기를 털어놓게 할 심산이어서, 안내인의 눈짓에도 불구하고, 나는 노상강도의 이야기를 에둘러 하기 시작했다. 물론 그들에게 경의를 표하면서 이야기를 해나갔다. 그 무렵 안달루시아에는 호세 마리아라는 이름을 가진 유명한 도적이 있었는데, 그의 만행은 모든 사람들의 입에 오르내리고 있었다. '내가 지금 호세 마리아 옆에 있는 것은 아닐까?' 하고 속으로 생각하기도 했다……. 그 영웅에 대해 내가 알고 있는 모든 이야기를 했는데, 모든 이야기가 그를 찬양하는 내용이었다. 정말로 나는 그의 용맹과 배짱에 대해 찬사를 보내고 있었던 것이다.

"호세 마리아는 깡패에 불과해요." 하고 낯선 사내가 굵고 쉰 목소리로 말했다.

'자기 스스로 그렇다고 생각하는 것일까, 아니면 지나친 겸손일까?' 하고 나는 속으로 자문했다. 왜냐하면 안달루시아 여러 도시의 문에 붙어 있었던 그의 인상착의의 설명을 본 적이 있었기에, 이 동행자를 관찰한 결과 나는 결국 호세 마리아의 인상착의를 그에게 적용하게 되었기 때문이었다. '그래, 이 녀석이 그 녀석이다……. 금발, 푸른 눈, 큰 입, 고른 이, 작은 손, 고급 내의, 은단추가 달린 빌로도 윗도리, 흰 가죽으로 된 각반, 밤그레한 말……. 그래, 의심의 여지가 전혀 없다! 하지만 일단 이 사내의 잠행을 존

중해주도록 하자.'

우리는 여관에 도착했다. 여관의 모습은 그 사내가 묘사한 그대로였다. 즉 내가 이제까지 본 것 중에서도 가장 초라한 여관이었다. 큰 방 하나가 부엌, 식당, 침실로 사용되고 있었다. 방 가운데에 있는 넓적한 돌 위에 화덕이 있었는데, 연기는 지붕에 난 구멍으로 빠져 나가기도 하지만, 오히려 바닥 흙 위 서너 자 높이에서 맴돌며 구름 형태를 만들고 있었다. 방바닥에는 벽을 따라 노새를 덮어주는 낡은 담요 대여섯 장이 널려 있는 것을 볼 수 있었다. 그곳이 손님들의 잠자리였던 것이다. 이 집, 아니 집이라기보다도 내가 방금 묘사한 단칸방에서 이십 보쯤 떨어진 곳에 마구간으로 사용되는 일종의 헛간이 있었다. 적어도 현재로서는 이 멋진 곳에 노파 한 명과 열 두어 살 된 소녀를 제외하고 다른 사람은 없었다. 두 사람 모두 까만 얼굴에 아주 남루한 옷차림을 하고 있었다. '—이들이야말로 고대 문다 베티카[11] 주민의 남은 흔적이다! 오, 카이사르여! 오, 섹스투스 폼페이우스여! 이 세상으로 다시 돌아온다면 그대들은 얼마나 놀랄 것인가!' 나는 이렇게 생각했다.

동행자를 보자마자 노파는 놀라 소리를 질렀다.

"아니! 돈 호세 나으리!"

돈 호세는 눈살을 찌푸렸고, 권위 있는 태도로 손을 들어보이자 그 노파는 말을 멈췄다. 나는 안내인을 향해 돌아보고 눈에 띄

---

11 현재의 안달루시아 지방은 옛날 로마 제국에 편입되어 '베티카'로 불리었다. 문다는 그 수도의 이름이다.(역주)

지 않는 신호로 밤을 같이 보내게 될 이 사내에 대해 이제 더 이상 나에게 아무것도 가르쳐줄 필요가 없다는 사실을 알렸다. 저녁 식사는 예상한 것보다 더 훌륭했다. 한 자 정도 되는 높이의 작은 식탁 위에 쌀과 매운 고추를 넣어 찐 늙은 닭 한 마리, 기름에 절인 고추, 그리고 '가스파쵸'[12]라는 일종의 고추 샐러드가 나왔다. 이처럼 양념을 한 세 가지 요리를 먹으면서 우리는 몬틸리야 포도주가 가득 든 자루에 자주 손을 대었다. 게다가 포도주 맛도 좋았다. 식사를 한 후에 벽에 걸려 있는 만돌린을 보고— 스페인에서는 어디를 가나 만돌린이 있다 —나는 심부름을 해주었던 소녀에게 만돌린을 연주할 줄 아느냐고 물었다.

"아니요. 하지만 호세 나으리의 솜씨가 좋아요!" 하고 소녀가 대답했다. 나는 호세를 보고 말했다.

"그렇게 솜씨가 좋다니, 한 곡 연주해줄 수 없나요. 난 당신 나라의 음악을 열정적으로 좋아한답니다."라고 내가 말했다.

그러자 호세도 기분 좋은 얼굴로 선뜻 응했다.

"아주 맛 좋은 여송연을 주신 친절한 분의 부탁인데 거절할 수 없겠죠!"

곧 만돌린을 받아 쥐고 호세는 반주에 맞춰 노래를 불렀다. 그의 목소리는 거칠었지만 듣기 좋았고, 곡조도 애수를 띤 것이 아주 구성지게 들렸다. 가사는 한 마디도 알아들을 수가 없었다.

---

12 '가스파쵸(gaspacho)'는 샐러드가 아니라 기름과 부추를 넣어 차갑게 해서 먹는 일종의 수프로, 그 당시 메리메의 스페인에 대한 설명 중에서 유일하게 잘못된 것이다.(역주)

나는 호세를 보고 말했다.

"내가 잘못 알고 있지 않다면, 지금 부른 노래는 스페인 노래가 아닌 것 같은데요. '지방'[13]에서 들어본 적이 있는 '소르시코스'[14]와 비슷한데요. 노랫말도 바스크어이고요."

"그렇습니다." 하고 돈 호세는 어두운 얼굴로 대답했다.

그는 만돌린을 바닥에 내려놓고 팔짱을 끼고 앉아서 꺼져가는 불을 물끄러미 바라보고 있었다. 그의 얼굴에는 어렴풋이 슬픈 표정이 어렸다. 조그마한 탁자 위에 놓인 작은 램프 불에 얼굴이 비치자, 고귀하나 흉포하게 보이는 그 사내의 얼굴은 밀턴[15]의 악마를 연상케 해주었다. 그 악마처럼 어쩌면 나의 동행인도 떠나온 고향과 한번 저지른 실수 때문에 추방당한 자기 신세를 생각하는 지도 모를 일이다. 나는 대화를 좀 더 명랑하게 이끌려고 했지만, 그는 너무 슬픈 생각에 잠겼는지 대답을 하지 않았다. 이미 노파는 방 한 쪽 구석에 줄을 치고 걸어 놓은 구멍 뚫린 담요 뒤에서 자고 있었다. 소녀도 그 여성 전용의 잠자리로 따라 들어가 버렸다. 그때 안내인이 일어나면서 나더러 마구간으로 같이 가자고 했다. 그 순간 수근 대는 소리를 들은 돈 호세는 안내인을 향해 거친 어조로 갑작스럽게 어디를 가느냐고 물었다.

"마구간으로 갑니다."라고 안내인이 대답했다.

---

13 '특권(fueors)'을 누리고 있는 이른바 특권 지방, 즉 알라바, 비스카예, 귀푸스코아, 나바라의 일부를 가리킨다. 바스크어가 그 지방의 언어이다.

14 'zorzicos' : 바스크 지방의 무도곡이다.(역주)

15 밀턴의 《실낙원》 제1편 54행 이하를 참고.(역주)

"거긴 뭐 하러? 말 먹이도 많이 주었으니까 여기서 자시오! 선생님도 좋다고 하실 테니까."

"손님의 말이 병이 든 것 같아서요. 손님이 직접 가서 보셔야 할 것 같은데요. 직접 보시면 어떻게 해야 할지를 아실 테니까요."

안토니오가 나에게 뭔가 하고 싶은 말이 있는 것이 분명했다. 하지만 나는 돈 호세의 의심을 받고 싶지는 않았다. 현재와 같은 상황에서 최선의 행동은 그를 최대한 신뢰하는 것으로 생각되었다. 그래서 나는 안토니오에게 말에 대해서는 아무것도 아는 바가 없으며, 또한 자고 싶다고 대답했다. 호세가 안내인을 따라 마구간으로 갔다가 조금 후에 혼자 돌아왔다. 말은 괜찮은데 안내인은 내 말이 아주 귀한 말이기 때문에, 말 잔등을 저고리로 문질러 땀이 나게 해주어야 한다는 것이었다. 또한 그런 가벼운 일을 하면서 밤을 새울 작정이라고 전했다. 그동안 나는 노새용 담요 위에 누웠다. 그리고 몸에 담요가 닿지 않도록 외투로 정성들여 몸을 감쌌다. 돈 혼세는 내 옆에서 자는 것을 허락해달라고 하더니 곧 문 옆에 누웠다. 하지만 그는 총에 뇌관을 새로 갈아 넣었고, 베개로 사용하던 바랑 밑에 총을 조심스럽게 갖다 놓는 것을 잊지 않았다. 서로 잘 자라는 인사를 한 지 오 분이 지나자 우리 두 사람은 깊은 잠에 빠져 버렸다.

아주 피로했기 때문에 나는 그런 장소에서도 쉽게 잠들 수가 있었다. 그러나 한 시간 정도 지났을 때 몸이 몹시 가려웠기 때문에 나는 첫 잠에서 깨어났다. 가려움의 원인을 알자마자 나는 자리에서 일어났다. 그리고 이런 불결한 방보다 차라리 바깥에서 밤을 지새우는 편이 더 나을 거라 생각했다. 발끝으로 걸어 방문 앞으로 갔다. 깊이 잠든 돈 호세의 몸을 살짝 넘어서 그를 깨우지 않고 밖으로 나갔다. 문 옆에는 커다란 나무의자가 있었다. 나는 그 위에 누워 밤을 보내려고 준비를 했다. 다시 눈을 감으려 하는데 소리 없이 지나가는 사람과 말의 그림자를 본 것 같았다. 나는 얼른 일어났다. 안토니오 같았다. 지금 이런 시간에 그가 마구간 밖으로 나와 있는 것을 보고 놀란 나는 일어나서 그의 앞으로 갔다. 안토니오가 나를 알아보고 먼저 멈춰 섰다.

"그 녀석은 어디 있습니까?" 하고 안토니오가 낮은 목소리로 물었다.

"집 안에서 자고 있네. 빈대가 무섭지도 않나봐. 그런데 자네는 무슨 이유로 말을 끌고가는 건가?"

그제서야 눈여겨보니 안토니오는 마구간에서 나올 때 발자국 소리가 나지 않도록 말발굽을 낡은 담요 조각으로 정성들여 동여매 놓았던 것이다.

"제발 목소리를 낮추세요." 안토니오가 말을 이었다. "아직도 저 작자가 누군지 모르시는군요. 바로 안달루시아에서 제일 유명한 악당인 호세 마리아란 놈입니다. 하루 종일 신호를 보내도 손님은 의도적으로 무시하더군요."

"—악당이건 아니건 그게 나와 무슨 상관인가?" 내가 그에게 대답했다. "저 사람이 우리 물건을 훔친 것도 아니고, 또 결코 훔

칠 생각도 없는 것 같던데."

"—그럴 수도 있겠죠. 하지만 손님, 저 녀석을 밀고하는 사람에겐 이백 듀카가 굴러 들어온단 말입니다. 여기서 한 시오리쯤만 가면 창기병(槍騎兵)의 파수막이 있어요. 날이 밝기 전에 건장한 병사들 몇 명을 데려올까 합니다. 저 녀석의 말을 타고 가면 좋겠는데, 아주 사나워서 나바로 이외에는 아무도 가까이 갈 수가 없습니다."

"—그만두게!" 내가 그에게 말을 했다. "저 가엾은 사람이 자네한테 무슨 나쁜 짓을 했기에 밀고하려고 하는가? 게다가 저 사람이 자네가 말하는 그 도적이라는 게 확실한가?"

"분명합니다. 조금 전에도 마구간으로 따라와 나에게 이렇게 말했어요. '네 놈은 나를 아는 모양인데. 그 마음씨 좋은 선생님에게 내가 누구라는 것을 고자질하기라도 한다면, 대가리에 구멍을 뚫어 놓을 테다!' 그러니 손님은 제발 저 녀석 옆에 있어 주십시오. 아무것도 두려워할 게 없습니다. 손님이 옆에 있는 한 저 녀석도 경계를 하진 않을 겁니다."

이렇게 이야기를 나누는 동안 우리 두 사람은 여관에서 꽤 멀리 떨어진 곳까지 와 이제는 말발굽 소리가 들릴 염려는 없었다. 안토니오는 눈 깜짝할 사이에 말발굽을 싼 담요 조각을 벗겨 냈다. 그는 말에 오르려고 했다. 나는 위협과 간청으로 그를 붙잡으려고 했다.

"손님, 나는 가난한 사람입니다." 그가 나에게 말했다. "이백 듀카를 날려버릴 수는 없어요. 그리고 특히 저런 버러지 같은 놈으로부터 나라를 구해야 해요. 조심하세요. 나바로란 놈이 깨어나면 총부터 쥐고 덤벼들 테니까 조심하세요! 난 내친걸음이니 뒤로 물러날 수도 없어요. 손님, 잘 해보세요."

그 괴짜 같은 안내인은 벌써 안장 위에 올랐다. 두 발로 말에 박차를 가하고는 곧바로 어둠 속으로 사라졌다.

나는 안내인에 대해 몹시 화가 나기도 했지만, 또 꽤나 근심이 되기도 했다. 한동안 이런 저런 생각을 하다가 나는 작정을 하고 여관으로 돌아갔다. 돈 호세는 연일 계속된 모험의 피로와 불면에 지친 몸을 회복하느라 여전히 자고 있었다. 나는 그를 깨우기 위해 거칠게 흔들어야 했다. 그때 그의 날카로운 눈초리와 총을 잡으려던 모습을 나는 영원히 잊지 못할 것이다. 만약의 경우를 대비해서 나는 그의 총을 잠자리에서 조금 떨어진 곳에 옮겨 놓았던 것이다.

나는 그를 보고 말했다. "이봐요, 깨워서 미안한데 어리석은 질문을 하나 할까 하는데. 지금 이리로 창기병 대여섯 명이 온다는데 문제가 없을까?"

그는 펄쩍 뛰어 일어나서 위협하는 소리로 이렇게 물었다.

"누가 그런 말을 했습니까?"

"―이 소식이 어디에서 왔던 무슨 상관인가? 도움이 되기만 한다면 좋은 거 아닌가."

"선생님의 안내인이 나를 배반했군요. 대가를 반드시 치르게 될 겁니다. 그놈은 지금 어디에 있습니까?"

"모르네……. 혹시 마구간에……. 어쨌든 누군가가 그런 말을 나에게……."

"—누가 선생님께 그런 말을 했단 말입니까?…… 할머니는 아닐 것이고……."

"—모르는 사람이었네……. 이제 더 이상 말이 필요 없을 것 같은데. 자네는 군인들이 나타나길 기다리는 이유라도 있는 건가? 그렇다면 시간을 허비하지 말라고 해야겠고, 그렇지 않다면 자라고 해야겠는데. 잠을 방해해 미안하네."

"—아! 그 안내인 자식! 그 안내인 놈! 처음부터 경계하긴 했습니다……. 하지만……. 그놈에게 보복할 겁니다! 안녕히 계십시오, 선생님. 제가 진 신세를 하느님께서 보답해 주실 것입니다. 저는 선생님이 생각하는 정도로 나쁜 놈은 아닙니다……. 그렇습니다, 제 안에는 아직 너그러운 분의 동정을 받을 만한 여지가 있습니다……. 안녕히 계십시오, 선생님……. 단 한 가지 애석한 것은 선생님의 은혜를 갚지 못하는 것뿐입니다."

"—돈 호세, 자네한테 도움이 되었다면 약속을 하나 해 주길 바라네. 사람을 의심하지 말고, 복수를 하지 말게나. 자, 이 여송연은 여행 중에 피우도록. 그럼 잘 가게!"

나는 그에게 손을 내밀었다.

그는 대답 없이 내 손을 꼭 잡았다. 그리고 나서 그는 총과 자루를 움켜쥔 다음 내가 알아들을 수 없는 은어를 노파에게 몇 마디 던지고는 마구간으로 달려갔다. 잠시 후 나는 들판을 달리는 말발굽 소리를 들었다.

　나는 다시 의자에 누웠으나 잠들지 못했다. 속으로 자문해 보았다. 산적, 아니 살인범일지도 모를 사람을 교수대로 보내지 않은 것이 과연 옳은 일이었을까? 그것도 그 이유가 단지 함께 햄을 먹고 발렌시아 식의 밥을 먹었다는 것뿐이 아닌가? 법의 대의명분을 존중한 안내인의 뜻을 내가 저버린 것은 아닐까? 산적의 복수 앞에 내가 그를 내어준 것이 아닐까? 그러나 환대의 의무는 무어란 말인가!…… 원시시대의 편견이다, 나는 이렇게 생각했다. 하지만 이제부터 저 악한이 저지르는 범죄는 모두 내 책임이 된다. 그렇지만 이런 모든 추론에 저항하는 이 양심의 충동을 원시적이라며 몰아내야 하는가? 누구라도 지금 내가 겪은 이런 미묘한 상황에 빠진다면 후회 없이 거기서 벗어날 수는 없을 것이다. 나는 내 행동의 옳고 그름에 대해 불확실한 상태에서 계속 헤매고 있었다. 바로 그때 안토니오와 함께 대여섯 명의 창기병들이 나타났다. 안토니오는 조심스럽게 뒤에 서있었다. 나는 그들 앞으로 나아가 악한은 벌써 두 시간 이상 전에 도망쳤다는 것을 알려 주었다. 노파는 창기병들로부터 심문을 받았다. 노파는 나바로를 알기는 하지만, 혼자 사는 몸이기에 또 목숨을 내걸면서까지 그를 밀고할 수는 없는 노릇이었다고 말했다. 또한 호세가 노파에게 올 때는 언제나 한 밤중에 떠나버리는 것이 습관이라고 덧붙였다. 나는 수 십리나 떨어진 곳까지 가서 여행증을 내보이고 치안판사 앞에서 시말서를 쓰고 거기에 서명을 해야 했다. 그런 다음에야 비로소 다시 고고학 탐사를 떠나도 좋다는 허락을 받았다. 안토니오는 나를 원망하고 있었다. 이백 듀카를 벌지 못한 것이 나 때문이라고 의심하고 있었던 것이다. 그럼에도 불구하고 우리는 코르도바에서 사이좋게 헤어졌다. 주머니 사정이 허락하는 한에서 나는 그에게 되도록 많은 사례를 해주었다.

제 II 장

나는 코르도바에서 며칠을 보냈다. 도미니크회 수도원의 도서
관에 귀중한 필사본이 하나 있다는 말을 들었고, 거기로 가서 고
대 문다에 관계된 흥미로운 정보를 얻을 작정이었다. 친절한 신부
들의 융숭한 대접을 받으면서 나는 낮에는 수도원 안에서 지냈고,
저녁에는 시내로 산책을 나갔다. 코르도바의 석양을 보려고 가달
키비이르 강 오른쪽을 따라 뻗은 둑 길 위로 한가한 사람들이 많
이 모여들었다. 그 둑 위에 서면 가죽 가공으로 유명한 이 고장의
오래된 명성을 과시하는 듯 무두질 공장에서 풍겨져 나오는 고
약한 냄새가 사람들의 코를 찔렀다. 하지만 그것에 대한 보상으
로 그곳에선 아주 그럴 듯한 구경거리를 볼 수가 있었다. 저녁 '종
소리'[16]가 울리기 몇 분 전에 많은 여인들이 꽤 높은 둑 아래에 있
는 강가로 모여들었다. 그 무리 속에 단 한 명의 남자도 감히 섞여
들 수가 없었다. '종소리'가 울리면 곧 밤이 된 것으로 여겼다. 마

---

16 가톨릭의 삼종으로 아침, 정오, 저녁에 울림.(역주)

지막 종소리와 함께 모든 여인들이 옷을 벗고 물속으로 들어갔다. 그러면 웃고, 떠들고 대소동이 벌어지는 것이었다. 남자들은 둑 위에서 눈을 부릅뜨고 목욕하는 여인들을 보지만 그렇다고 대단한 것을 볼 수 있는 것은 아니다. 하지만 검푸른 강물 위에 그려지는 희미한 윤곽을 보면 시적 감흥이 발동한다. 그리고 약간의 상상력을 발휘한다면 악테온의 운명을 두려워할 것 없이, 다이아나와 요정들이 목욕을 하는 모습을 머릿속에 그려보는 것도 그다지 어려운 일은 아니다[17]. ―나는 심지어 이런 얘기도 들었다. 어느 날 몇몇 건달들이 돈을 거두어 성당의 종치기를 매수해 정해진 시간보다 이십 분 빨리 종을 치게 한 일이 있었다는 것이다. 아직 날이 어둡지도 않았는데 가달키비이르 강가의 요정들은 결코 주저하지 않았고, 태양보다도 저녁 종소리를 더 믿었기에 안심하고서 항상 간단하기 짝이 없는 목욕옷을 준비했다고 한다. 물론 나는 그때 그 자리에 있지 않았다. 내가 있었을 때는 종치기도 청렴했고, 황혼도 짙어서, 고양이만이 코르도바에서 누가 제일가는 미인인지, 또는 제일 나이 많은 오렌지 장사 할머니인지 분간할 수 있었을 뿐이었다.

어느 날 저녁 벌써 아무것도 볼 수 없는 그런 시간에 나는 둑의 난간에 기대서서 담배를 피우고 있었다. 그때 한 여인이 강으로 내려가는 계단을 올라와 내 옆에 앉는 것이었다. 저녁이 되면

---

17 악테온은 희랍 신화의 유명한 사냥꾼이다. 그는 달의 여신 다이아나가 목욕하는 것을 훔쳐본 죄로 그녀의 노여움을 사서 사슴으로 변신되어 끝내는 수렵 신의 사냥개에게 물려 죽었다.(역주)

자스민 꽃에서는 취할 듯한 향기가 풍겨 나왔는데, 그 여인은 머리에 자스민 꽃을 꽂고 있었다. 여인은 저녁때 대부분의 여공들이 입는 그런 검정색 옷을 입어, 검소하다기보다는 초라한 옷차림이었다. 여유 있는 집의 부인들은 아침에만 검정색 옷을 입고 저녁에는 '프랑스 식'으로 옷을 입는다. 목욕을 하고 내 옆으로 온 그 여인은 머리를 덮었던 수건을 어깨 위로 흘러내리게 방치하고 있었다. 그리고 '별에서 떨어지는 어슴푸레한 빛에 보니',[18] 그녀는 작은 키에, 젊고 미인이었으며, 아주 큰 눈을 가진 여인이었다. 나는 곧 피우던 여송연을 버렸다. 완전히 프랑스 식인 이 예절의 의미를 알아차린 그녀는 서둘러서 나에게 자기도 담배 냄새를 좋아하며, 순한 '담배'가 있으면 피우기도 한다고 말했다. 다행히 내 담뱃갑 속에 그런 종류의 것이 있어서 그걸 얼른 그 여인에게 주었다. 그 여인은 겸손하게 한 개비를 빼들고, 동전 한 푼을 받고 어린애가 갖다 준 불심지 끝으로 담배에 불을 붙였다. 목욕을 막 끝낸 이 아름다운 여인과 나는 서로 담배 연기를 섞어가면서 꽤 오랫동안 대화를 나누었다. 어느덧 강둑 위에는 우리들만 남게 되었다. 내 생각으로는 그녀에게 '네베리아'[19]로 얼음과자를 먹으러 가자고 청해도 그다지 실례가 될 것 같지는 않았다. 조금 망설이다가 그녀

---

18 프랑스 고전주의 극작가 피에르 코르네이유의 유명한 비극《르 시드》제 4막 제3장의 대사 "별에서 떨어지는 어슴푸레한 빛에 마침내 보인 것은 밀물을 탄 삼십 척의 군선"을 인용한 것이다.(역주)

19 얼음과자가 있거나 혹은 얼음을 보관하고 있는 카페를 가리킨다. 스페인에서는 모든 마을에서 네베리아(neveria)를 하나씩 갖추고 있다.

는 점잖게 이 제안을 받아들였다. 그러나 결정을 하기 전에 몇 시나 되었는지 알고 싶어 했다. 해서 나는 시계 종소리를 울렸는데, 그녀는 이 종소리[20]에 퍽 놀란 모양이었다.

"외국분들은 참 신기한 발명품을 다 가지고 다니네요! 선생님은 어느 나라 분이세요? 분명 영국 사람인 것 같은데요[21]?"

"미안하지만 프랑스 사람입니다. 그런데 아가씨, 혹은 부인은 코르도바 사람인가요?"

"아뇨."

"그럼, 안달루시아 사람? 부드러운 말씨로 미루어보면 그럴 것 같은데요."

"여러 지역의 말씨를 그렇게 잘 분간하신다면 내가 누구인지도 잘 아실 것 같은데요."

"내 생각엔 천국에서 가까운, 예수님의 나라 사람인 것 같은데요."

(안달루시아를 가리키는 이런 비유를 나는 아주 유명한 투우사인 내 친구 프란시스코 세비야에게 들어서 알고 있었다.)

"말도 안 돼요! 천국이라니요…… 이곳 사람들에게 천국이란 자기들을 위한 것이 아니라고 생각해요."

---

20 1시간 또는 15분 단위로 시간을 알리는 회중시계.(역주)

21 스페인에서는 옥양목과 비단의 견본을 갖지 않은 나그네는 예외 없이 영국 사람으로 여긴다. 이것은 동방에서도 마찬가지이다. 칼키스에서 나는 'Μιλόρδς Φραντσέσος'(mylord français; 프랑스 태생의 영국 귀족)이라고 불리는 영광을 누린 적도 있다.

"그럼 당신은 무어 사람이겠네요. 그렇지 않으면……" 나는 말을 멈추었다. 유대인이라고는 차마 말할 수가 없었기 때문이었다.

"뭘 그러세요! 내가 보헤미아 여자라는 걸 잘 아시잖아요. '점'[22]을 봐드릴까요? 카르멘시타에 대한 소문을 들어본 적이 없나요? 그게 바로 나에요."

그 시절이 지금으로부터 십오 년 전 일이지만 그 무렵 나는 철저한 무신앙론자였기 때문에 내 옆에서 마법을 하는 여자를 보면서도 무서워 도망치지 않았다. 나는 속으로 이렇게 생각했다. '이런! 지난주에는 여행을 하던 중에 산적과 함께 식사를 했는데, 오늘은 또 악마의 시녀와 함께 얼음과자를 먹게 되었군. 하기야 여행할 때는 뭐든 다 봐둘 필요가 있긴 하지.' 내가 이 여인과 사귀어보고 싶은 데는 또 다른 이유가 있었다. 부끄러움을 무릅쓰고 고백하지만, 나는 대학교를 졸업하고 나서 신비술을 연구하느라고 한동안 시간을 들인 적이 있었으며, 심지어 몇 번인가는 어둠의 힘을 내쫓으려고 해본 적도 있었다. 오래 전에 이런 연구열을 떨쳐버리긴 했지만 나는 아직도 모든 종류의 미신에 대해 약간의 호기심을 가지고 있었던 것이다. 그래서 나는 보헤미아 사람들 사이에서 마법이 어느 정도 수준에 이르렀는지를 알아보고 싶은 마음도 동했던 것이다.

대화를 나누다보니 우리는 네베리아에 도착했고, 그곳으로 들어가 둥근 유리 속에 들어있는 심지에 불이 밝혀져 있는 조그만

---

22 'la baji' : '운수'라는 의미도 있다.

탁자에 앉았다. 그때서야 나는 이 '지타나'[23]를 여유를 가지고 자세히 살펴볼 수 있었다. 그러나 그곳에 모인 점잖은 사람들은 내가 그런 여자와 동행한 것을 보고 얼음과자를 먹으면서 어이없어 하고 있었다.

카르멘 양이 순수한 보헤미아 혈통인지는 의심이 상당히 갔다. 하지만 이 여인은 적어도 지금까지 내가 만났던 보헤미아 족속의 다른 어떤 여자들보다 훨씬 더 아름다웠다. 스페인 사람들이 말하기를, 여자가 미인이 되려면 서른 가지의 '조건'을 갖추어야 한다고 했다. 또는 이렇게 말할 수 있다면, 몸의 세 군데에 각각 적용될 수 있는 열 개의 형용사로 그 여자의 외모를 규정할 수 있어야 한다는 것이다. 예컨대 미인이 되려는 여자는 세 가지 검은 것을 가져야 했다. 눈, 눈썹, 속눈썹이 그것이다. 또한 세 가지 가냘픈 것을 가져야 했다. 손가락, 입술, 머리털이 그것이다. 그 밖의 것에 대해서는 브랑톰[24]을 보길 바란다. 내가 동행하고 있는 이 보헤미아 여인은 아주 완벽하다고는 할 수 없었다. 살결은 매끄러웠으나 구리 빛에 아주 가까운 편이었다. 눈은 이마 쪽으로 치켜졌지만 눈 꼬리가 유난히 길었다. 입술은 약간 두툼하나 윤곽이 반듯했고, 그 아래로 껍질이 없는 살구[25] 씨보다 더 하얀 이를 드러내

---

23 'gitana' : '집시 여인'의 의미이다.(역주)

24 Pierre de Bourdeille, abbé de Brantôme(1534-1614) : 프랑스의 메모리 얼리스트로, 여기서 메리메가 말하는 것은 브랑톰의 《숙녀열전(Vie des dames gallantes)》인 것으로 보인다.(역주)

25 원문은 아몬드다.(역주)

보이고 있었다. 머리카락은 약간 굵고, 검은색이었으며, 길고 번들 번들한 까마귀의 날개처럼 푸른색 윤기가 돌고 길었다. 너무 장황 한 묘사로 독자 여러분들을 지루하게 하지 않게 하기 위해 요약 해서 말하기로 하자. 이 여인은 결점이 하나 있으면 장점이 하나 있어, 결국 그 대조로 인해 아름다움이 더 뛰어나 보이는 것이었 다. 이 여인은 기이하면서도 야성적인 미를 가지고 있었다. 이 여 인의 얼굴은 첫눈에는 상대방을 놀라게 하지만, 결코 잊어버릴 수 없는 그런 얼굴이었다. 특히 이 여인의 눈은 육감적이고도 표독스 러웠는데, 그 이후 나는 그 어떤 다른 사람의 눈에서도 그런 특징 을 본 적이 없다. 스페인 속담 중에 "보헤미아 사람의 눈은 늑대의 눈"이라는 말이 있는데, 아주 적절한 관찰로 보인다. 만약 늑대의 눈을 보기 위해 동물원에 갈 여유가 없다면, 독자 여러분들은 참 새를 노리는 고양이의 눈을 유심히 보길 바란다.

카페에서 점을 봐달라는 것은 좀 쑥스러운 일이었다. 그래서 나는 이 아름다운 요술쟁이에게 그녀의 집까지 가겠다고 간청했 다. 이 여인은 까다롭게 굴지 않고 동의했다. 하지만 그녀는 다시 한 번 몇 시나 되었는지를 알고 싶어 했으며, 나에게 재차 시계 종 소리로 시간을 알려줄 것을 요청했다.

"정말 금시계인가요?" 하고 이 여인은 지나친 호기심을 가지 고 시계를 보면서 이렇게 물었다.

우리가 다시 걷기 시작했을 때는 밤이 아주 깊은 시간이었다. 대부분 가게들이 문을 닫았으며, 길거리에도 왕래하는 사람이 별로 없었다. 우리는 가달키비이르 강의 다리를 건너 성문 밖에 이르러 한 집 앞에서 멈추었다. 그 집은 결코 궁전 같은 모습이 아니었다. 한 아이가 우리에게 문을 열어주었다. 보헤미아 여인은 내가 모르는 말을 몇 마디 그 아이에게 했다. 나중에 알게 되었지만 그 말은 '로마니' 또는 '치페 칼리', 즉 집시들이 사용하는 말이었다. 그러자 곧장 아이는 꽤 넓은 방에 우리 두 사람만 남겨놓은 채 사라졌다. 그 방에는 작은 탁자 하나, 걸상 두 개, 그리고 대형 상자 하나가 있었다. 물을 넣는 항아리가 하나, 오렌지 꾸러미와 양파 한 자루가 있던 것도 잊어서는 안 될 것이다.

우리 둘 만 남게 되자 보헤미아 여인은 대형 상자 속에서 오래 사용한 것 같은 카드와 자석 한 개, 말라붙은 카멜레온과 그 밖에 마법에 필요한 몇 가지 물건을 꺼냈다. 이어서 나에게 왼손 바닥에 은 동전을 놓고 십자를 그으라고 했다. 마법의 의식이 시작된 것이다. 독자 여러분들에게 이 여인의 예언들을 일일이 열거할 필요는 없을 것이다. 하지만 점을 보는 솜씨로 보아 이 여인은 풋내기 점쟁이가 아닌 것은 분명했다.

하지만 불행하게도 우리는 얼마 안 있어 훼방을 받고 말았다. 갑자기 문이 거칠게 열렸다. 그러더니 갈색 망토로 눈 밑까지 가린 한 사내가 보헤미아 여인에게 거친 목소리로 야단을 치면서 들어왔다. 무슨 말을 하는지 알 수 없었지만, 목소리의 어조로 미루어보아 그는 몹시 기분이 상한 것 같았다. 보헤미아 여인은 그 사내를 보고 놀라거나 화를 내지도 않았다. 그러기는커녕 그녀는 오히려 그에게 달려가 방금 전에 내 앞에서 했던 그 이상한 말로 유창하게 아주 빠른 속도로 몇 마디 던졌다. 종종 반복된 '페일로'라는 단어만이 내가 알아들을 수 있는 유일한 단어였다. 내가 알기로는 보헤미아 사람들이 자기네 동족이 아닌 모든 낯선 남자를 가리킬 때 쓰는 말이었다. 내 존재가 문제가 되고 있다고 짐작을 했기 때문에 나는 그럴듯한 변명을 해야 할 것이라고 마음먹고 있었다. 이미 한 손으로는 걸상 다리를 붙잡고 있었으며, 여차하면 그 침입자의 머리에 그것을 내던질 적당한 순간을 엿보며 혼자 그럴듯한 논리를 구상하고 있었다. 침입자는 보헤미아 여인을 거칠게 떠밀면서 내 앞으로 왔다. 그러다가 한 발 물러나면서 말했다.

"아니! 선생님 아니세요!"

나는 그 사내를 보면서 내 친구 돈 호세라는 것을 알아차렸다. 그 순간 나는 그 사내를 교수대로 보내지 않은 것을 조금 후회했다.

나는 가능한 한 밝게 웃으면서 목소리를 높였다.

"어! 자네 아닌가! 이 여인이 아주 흥미로운 예언을 해주고 있던 참인데, 자네 때문에 중단되었네 그려."

"항상 같은 수법이야! 이런 생활이 언제나 끝날지, 원!" 하고 사나운 눈초리를 그녀에게 보내면서 그는 입속으로 중얼거렸다.

그러는 동안에도 보헤미아 여인은 그들의 언어로 사내에게 계속 말을 했다. 이 여인은 점차 흥분했고, 눈에는 핏발이 서고 표독스러워졌다. 얼굴 근육이 실룩거렸으며 발을 동동 구르기도 했다. 그녀는 무엇인가를 하라고 재촉하는 것처럼 사내를 졸라대는 모양이었고, 반면 사내는 주저하는 태도를 보였던 것이다. 그 졸라대는 것이 무엇인지는 알 수 없지만, 그 여인의 작고 귀여운 손이 아래턱을 몇 번이나 빠르게 오르내리는 걸로 미루어보아 짐작을 할 수는 있었다. 어떤 사람의 목을 자르는 것이 이야기의 핵심이 아닌가 하는 생각이 들었다. 혹시 그 목이 내 목이 아닌가 하는 생각도 없지 않았다.

보헤미아 여인이 한 그 많은 말에 대해 돈 호세는 아주 짧게 몇 마디로 대꾸했을 뿐이었다. 그러자 그 여인은 아주 경멸하는 눈초리를 사내에게 던지더니 방 한 구석에 책상다리로 주저앉아 오렌지 하나를 들고 껍질을 벗겨 먹기 시작했다.

돈 호세는 내 팔을 잡고 문을 열고 길거리로 데리고 나갔다. 우리는 아무런 말도 하지 않은 채 약 이백 보쯤 걸어갔다. 이윽고 손을 내밀며 그가 말했다.

"곧바로 계속 가십시오. 그러면 곧 다리가 나올 겁니다."

말을 끝내자마자 그는 돌아서서 급히 가버렸다. 나는 조금 어리둥절하고 꽤나 불쾌한 기분으로 여관으로 돌아왔다. 최악의 사태는 옷을 벗으면서 시계가 없어진 사실을 알게 된 것이었다.

이런 저런 생각 끝에 나는 그 다음날 시계를 찾으러 간다거나 혹은 시장에게 부탁해서 그것을 찾아달라는 행동은 하지 않기로 했다. 도미니크회 수도원에서 참고 문헌을 검토하는 일도 끝났기 때문에 나는 세비야를 향해 출발했다. 몇 달 동안 안달루시아를 돌아보다가 마드리드로 돌아갈 예정이었는데, 그러려면 다시 코르도바를 거쳐야만 했다. 하지만 그곳에서 오랫동안 머물 의향은 없었다. 왜냐하면 이 아름다운 도시와 가달키비이르 강의 목욕하는 여자들에 대해 그다지 좋은 감정을 가지고 있지 않았기 때문이었다. 그럼에도 불구하고 만나야 할 친구도 몇 명 있고, 심부름도 해줄 것이 있어서 이 이슬람교 군주들의 옛 도읍지에서 삼사일 정도 머물게 되었다.

내가 그 도미니크회 수도원에 다시 모습을 드러내자마자 문다의 위치에 대한 연구에 커다란 관심을 갖고 있던 신부 한 명이 두 손을 벌리면서 나를 맞아주었다.

"하느님이 도우셨군요. 형제여! 잘 오셨습니다. 우리는 모두 당신이 세상을 떠난 줄로만 알고 있었습니다. 그동안 나도 당신의 명복을 빌며 여러 번 '천주경'과 '성모경'을 외웠습니다. 물론 쓸데없는 일을 했다고는 생각하지 않습니다. 이렇게 살해당하지 않고 살아있으니 말입니다. 당신이 도둑을 맞았다는 걸 알고 있었습니다."

"─대체 어떻게?"

나는 조금 놀라 물었다.

"그래요. 잘 아시겠지만, 우리가 기도하러 갈 시간이 되었다고 말 할 때마다 도서관에서 당신이 울리곤 했던 그 시계가 있었지요. 글쎄, 그 시계가 발견되었어요! 곧 그 시계를 당신에게 돌려드리도록 하겠습니다."

"아니, 그건 내가 어디에선가 잃어버린 건데……."

약간 당황해하면서 상대방의 말을 중단시키며 내가 말했다.

"범인은 감옥에 갇혀 있습니다. 그놈은 동전 몇 푼을 빼앗기 위해 기독교도에게 총을 쏘는 악당입니다. 그걸 잘 알고 있었기 때문에 당신도 그에게 살해된 걸로 여기고 걱정을 많이 했던 겁니다. 함께 시장에게 가서 그 멋진 시계를 되찾도록 하지요. 후일 본국으로 돌아가서 스페인에는 정의가 없다고 흉이나 보지 않았으면 합니다!"

나는 이렇게 그에게 말했다.

"—고백컨대 그 가엾은 악당을 교수형에 처하기 위해 법정에서 증인을 서기보다는 차라리 시계를 잃어버리는 편이 더 마음이 편할 것 같은데요. 특히 그것이……, 그것이……."

"천만에요! 그런 염려는 하지 마십시오. 그놈은 다른 수많은 기소 조항들로 심문 당하고 있으니, 당신이 한 사람을 두 번 교수형시키는 것은 아닙니다. 방금 교수형에 처한다고 말했지만 그건 틀린 말입니다. 당신의 시계를 훔친 그 도둑은 귀족입니다. 그래서 내일모레 꼼짝없이 '교살형'[26·27]에 처해질 겁니다. 도둑질 하나쯤 더 했건 덜했건 이 사건은 조금도 달라지지 않을 겁니다. 도둑질만 했다면 오죽 좋겠어요! 하지만 그 놈은 사람을 여러 명 살해했고, 그것도 아주 잔인한 방법으로 그랬어요."

---

26 1830년에는 귀족은 아직도 이 특권을 향유하고 있었다. 오늘날 입헌제도 밑에서는 평민들도 이 '가로테(garrotté)'의 권리를 획득했다.

27 기둥에 달린 쇠고리에 목을 끼워 넣고 나사로 졸라 죽이는 형이다.
(역주)

"─그 악당의 이름이 뭐죠?"

"─이 나라에서는 호세 나바로라는 이름으로 알려져 있어요. 하지만 그는 또 하나, 당신이나 나나 발음할 수 없는 바스크 이름도 가지고 있습니다. 그건 그렇고, 그놈은 얼굴이라도 한 번 보아둘 필요가 있는 놈입니다. 게다가 당신은 여러 나라의 진기한 것들을 보고자 하지 않았습니까? 스페인에서 악당들이 어떻게 이 승을 하직하는가를 볼 수 있는 좋은 기회가 될 겁니다. 그 작자는 지금 감옥 예배당에 있습니다. 마르티네스 신부가 당신을 그에게 안내해드릴 겁니다."

'조금 재미있는 교수형'[28]의 준비를 꼭 보고 가라는 그 도미니크회 수도사의 간곡한 부탁을 나는 거절할 수가 없었다. 그래서 나는 마음에도 없는 행동에 대해 용서를 구할 수 있기를 기대하면서 여송연을 한 갑 챙겨 들고 그 죄수를 보러 갔다.

내가 돈 호세 곁으로 안내되었을 때 그는 식사를 하고 있는 중이었다. 나를 향해 꽤 쌀쌀한 태도로 목례를 했지만, 내가 가지고 간 선물에 대해서는 정중하게 고마움을 표시했다. 그의 손에 쥐어준 담뱃갑 속의 여송연을 세고 나더니 그 중의 몇 개만 꺼내고, 더 이상 필요하지 않다고 하면서 나머지는 나에게 돌려주었다.

내가 돈을 좀 쓰든지 아니면 내 친구들의 영향력을 행사 해서

---

28 'Petit pendement bien joli'의 변형으로, 이는 몰리에르의 《프르소냐크 씨》의 제3막 제3장의 대사를 인용한 것이다.(역주)

그의 죄 값을 다소나마 줄일 수는 없을까 하고 그에게 물어보았다. 처음에 그는 서글픈 표정으로 어깨를 으쓱했으나, 다시 생각하고 마음을 고쳐먹었는지 자기의 영혼을 구해줄 미사를 올려 달라고 간청하는 것이었다.

그리고 그는 소극적으로 이렇게 덧붙였다.

"죄송하지만 선생님께 무례한 짓을 한 또 다른 사람을 위해서도 미사를 올려 주시겠습니까?"

"―물론이네, 이 친구야. 하지만 내가 아는 한 이 나라에서 나에게 무례한 짓을 한 사람은 하나도 없는 것 같은데."라고 나는 그에게 대답했다.

그는 나의 손을 잡았고, 진지한 태도로 그 손을 꼭 쥐었다. 한참 동안 침묵을 지키고 난 뒤에 그가 말을 이었다.

"감히 한 가지만 더 부탁드려도 되겠습니까?…… 고국으로 돌아가실 때 분명 나바라를 거쳐 가시겠지요. 최소한 거기서 얼마 떨어지지 않은 비토리아를 거쳐 가시리라 생각하는데요."

"―그렇다네. 비토리아는 반드시 지나가겠네. 그러나 팜펠루나를 거쳐 돌아서 가도 되지만, 자네를 위한 일이라면 기꺼이 그렇게 하겠네."라고 내가 말했다.

"아, 그렇습니까! 팜펠루나에 가시면 흥미로운 것도 많이 볼 수 있을 겁니다……. 아름다운 도시지요……. 선생님께 이 메달을 드리겠습니다.(그는 목에 걸고 있던 작은 은메달을 가리켰다.) 종이로 잘 싸두십시오……. 그는 감정을 억누르기 위해 잠깐 말을 중단했다……. 나중에 주소를 말씀드릴 테니 할머니 한 분에게 이 메달을 전해주십시오. 아니면 다른 사람을 통해 전하도록 해주십시오. ―그리고 내가 죽었다고 말씀해 주십시오. 하지만 어떻게 죽었는지는 말씀하지 말아주십시오."

나는 그의 부탁을 들어줄 것을 약속했다. 이튿날도 나는 그를 만났고, 그날 상당 부분을 그와 함께 보냈다. 이제부터 독자 여러분들이 읽게 될 이 슬픈 이야기는 그의 입에서 나온 것이다.

제 III 장

나는 바스탄 계곡의 엘리손도에서 태어났습니다, 돈 호세의 이야기는 이렇게 시작되었다. 내 이름은 돈 호세 리사라벤고아입니다. 선생님께서는 스페인을 잘 알고 계시니까 이 이름을 듣고 내가 바스크 사람이며, 대대로 기독교도라는 것을 곧바로 아셨을 겁니다. '돈'이란 칭호가 붙은 것은 그럴 만한 권리가 있기 때문입니다. 엘리손도에 있다면 양피지에 기록된 족보를 보여드릴 수가 있었을 것입니다. 가족들은 내가 성직자가 되길 바라면서 공부를 시켰습니다. 하지만 기회를 잘 살리지 못했습니다. '공놀이'[29]를 너무 좋아한 나머지 나는 결국 그 때문에 신세를 망치게 된 것입니다. 나바라 사람들은 공놀이를 할 때면 모든 것을 잊어버립니다. 어느 날 내가 공놀이에서 이겼는데, 알라바 출신의 한 아이가 내게 싸움을 걸어왔습니다. 우리 두 사람은 '마킬라스'[30]을 들고 싸웠는데, 내가 또 이겼습니다. 하지만 그 사건을 기화로 나는 고향

---

29 '폼(paume)' : 테니스와 비슷한 경기.(역주)

30 'maquilas' : 바스크 사람들이 사용하는 철곤봉.

을 떠나게 되었습니다. 나는 용기병을 만나게 되었고, 그 길로 알만사의 기병 연대에 입대하게 되었습니다. 우리와 같은 산사람들은 군대 일을 빠르게 익힙니다. 나는 곧 하사가 되었습니다. 얼마 있으면 상사로 승진한다는 보장을 받았는데, 불행하게도 세비야의 담배 공장으로 가서 위병소 근무를 하게 되었습니다. 세비야에 가보신 일이 있다면, 성벽 밖 가달키비이르 강가에 있는 큰 건물을 틀림없이 보셨을 겁니다. 그 공장의 문과 문 옆의 위병소가 지금도 눈에 선합니다. 스페인 사람들은 근무 중에도 카드를 치거나 조는 것이 보통이었습니다. 그러나 순수한 나바라 사람인 나는 항상 무엇인가를 하려고 애를 썼습니다. 마침 나는 내 총의 화문침[31](火門針)을 매려고 놋쇠줄로 고리를 엮고 있었는데, 갑자기 동료들이 "와, 종이 울린다. 여자들이 일하러 돌아온다." 하고 한꺼번에 외쳤습니다. 선생님께서도 아시겠지만 그 공장에는 사오백 명이나 되는 여자들이 일하고 있었습니다. 커다란 방에서 담배를 마는 것이 그 여자들의 일이었습니다. 남자들은 '감찰관'[32]의 허가 없이 그 방에 들어갈 수 없었습니다. 날씨가 더우면 그녀들은, 특히 젊은 여자들은 편하게 옷을 벗고 있었기 때문입니다. 여자들이 점심 식사를 하고 돌아올 시간이 되면 많은 젊은 남자들이 나와서 그녀들이 지나가는 모습을 보며 온갖 농담을 해대곤 했습니다. 비단 머리 수건을 주면 거절하는 여자들이 별로 없었습니다. 그래

---

31 옛날 총포의 화구를 뚫던 긴 바늘을 가리킨다.(역주)
32 'Vingt-Quatre' : 도시의 경찰 및 행정 사무를 관할하는 장관을 가리킨다.

서 풋내기들도 이 낚시질에서 허리를 구부리기만 하면 손으로 고기를 잡을 수 있었던 것입니다. 다른 사람들이 여자들 구경에 정신이 팔려 있을 동안 나는 문 옆에 있는 의자에 앉아 있었습니다. 그 무렵 나는 어렸고 늘 고향 생각을 하고 있었습니다. 푸른 치마를 입지 않고 머리를 길게 땋아 어깨까지 드리우지 않고는[33] 미녀가 아니라는 생각을 하고 있었습니다. 더군다나 나는 안달루시아 여자들을 무서워하기도 했습니다. 그녀들의 행동 방식에 잘 적응할 수가 없었습니다. 언제나 사람을 놀리기만 하고 속마음을 결코 보여주지 않는 여자들이었습니다. 그래서 나는 앉아서 쇠고리 만들기에 열중하고 있었습니다. 그때 사람들이 "저기 집시 여인이 온다."고 말하는 소리를 들었습니다. 나는 눈을 들어 그 여자를 쳐다 보았습니다. 그것은 어느 금요일이었는데, 나는 그날을 영원히 잊을 수가 없을 겁니다. 바로 그날 선생님께서도 잘 아시는 그 카르멘을 보았던 것입니다. 몇 달 전에 그 여자의 집에서 보셨던 그 카르멘 말입니다.

그 여자는 짧은 빨간색 치마를 입었으며, 살이 보일 정도로 구멍이 여러 개 뚫린 흰 비단 양말을 신고 있었습니다. 빨간색 모로코 가죽으로 된 예쁜 구두에는 새빨간 리본이 매어져 있었습니다. 그녀는 어깨를 드러내 보이고 속옷에 꽂힌 아카시아 꽃을 내보이기 위해 숄을 흘러내리게 하고 있었습니다. 또한 입 끝에 아까시아꽃을 물고, 코르도바 종마장의 암망아지처럼 엉덩이를 살살 흔

---

33 나바라와 다른 바스크 지방 처녀들의 보통 옷차림이다.

들며 걸어가고 있었습니다. 우리 고향에서는 그런 옷차림의 여자를 보면 성호를 긋지 않을 수 없었을 겁니다. 하지만 세비야에서는 모든 사람이 그 여자의 모습에 대해 뭔지 모를 외설스러운 찬사를 퍼붓고 있었습니다. 여자는 주먹을 허리에 대고 한 사람 한 사람에게 일일이 눈길을 던지면서 즐기는듯이 대꾸를 했습니다. 진짜 보헤미아 여자처럼 얼굴이 두꺼웠습니다. 처음에 그 여자는 내 마음에 들지 않았습니다. 그래서 나는 하던 일을 그냥 계속했습니다. 그러나 여자와 고양이는 부를 때면 오지 않고 안 부르면 온다는 식으로 그 여자는 내 앞에 멈춰서더니 말을 걸어오는 것이었습니다.

"아저씨, 내 금고 열쇠를 매달게 그 고리를 줄래요."

그녀는 안달루시아 식으로 이렇게 말했습니다.

"—내 화문침을 달아맬 건데."라고 내가 대답했습니다.

"—화문침이요! 아니! 이 아저씨는 레이스라도 뜨나봐. 남자가 무슨 바늘이 필요해요!"

그녀는 웃으면서 이렇게 소리쳤습니다.

그 자리에 있던 모든 사람들이 웃기 시작했고, 나는 얼굴이 화끈 달아올랐지만 뭐라고 대꾸할 말을 찾지 못하고 말았습니다.

그러자 여자는 다시 이렇게 말했습니다.

"이것 보세요, 정다운 아저씨, 숄을 만들게 까만 레이스 칠 오느[34]만 짜주세요. 내가 좋아하는 뜨개질 아저씨!"

---

34 길이의 단위로, 1 오느는 약 1,2미터에 해당한다.(역주)

그리고 나서 그 여자는 입에 물고 있던 아카시아 꽃을 빼서는 엄지손가락으로 튀겨 내 이마 한가운데를 향해 정통으로 던졌습니다. 선생님, 꼭 총에 맞은 느낌이었습니다……. 쥐구멍이라도 있으면 들어가고 싶었으나 나는 그냥 목석처럼 움직이지 않고 있었습니다. 그 여자가 공장으로 들어가 버린 뒤에 발 사이에 떨어져 있는 아카시아 꽃을 보았습니다. 어찌할지는 모르지만 동료들 몰래 그것을 주어 윗저고리 속에 소중히 넣었습니다. 이것이 첫 번째 실수였습니다!

그 이후 두서너 시간 동안 나는 그 여자 생각만 하고 있었습니다. 그때 문지기가 새파랗게 질린 얼굴로 숨을 헐떡거리면서 위병소로 뛰어왔습니다. 여송연을 마는 큰 방에서 여자 한 명이 칼에 찔렸으니 위병을 보내야 한다는 것이었습니다. 상사는 나더러 병사 두 명을 데리고 가보라고 명령했습니다. 나는 부하 두 명을 데리고 현장으로 갔습니다. 방으로 들어가자마자 삼백 명이나 되는 여자들이 속옷 바람으로, 아니 그와 비슷한 모습으로 한꺼번에 소리를 지르고, 악을 쓰고, 손을 내젓는 바람에 천둥소리도 안 들릴 정도로 대소란이 벌어지고 있었습니다. 선생님, 그 광경을 한번 상상해보십시오. 한쪽 구석에는 여자 한 사람이 피투성인 채로 나자빠져 있는데 얼굴에는 방금 칼로 두 번 긁히어 십자가 그려져 있었습니다. 그 무리 가운데서도 좀 나은 여자들 몇 명이 부상당한 여자를 간호하고 있었고, 대여섯 명의 여자들에게 붙잡혀 있는 카르멘이 보였습니다. 상처를 입은 여자가 "신부님을, 빨리 신부님을 불러줘요! 나 죽어요!"라고 부르짖고 있었습니다. 카르멘은 아무런 말없이 이를 악물고서 눈동자만 카멜레온처럼 굴리고 있었습니다. "무슨 일이야?" 내가 이렇게 물었습니다. 그러나 무슨 일이 일어났는가를 알기가 대단히 어려웠습니다. 여공들 모두가 한꺼번에 대답을 했기 때문입니다. 부상당한 여자가 트리아나 말 시장에서 당나귀 한 마리쯤 살 수 있을 정도로 충분한 돈을 가지고 있다고 자랑을 늘어놓은 모양이었습니다. 그러자 가만히 있질 못하는 카르멘이 빈정거렸던 것 같습니다. "야, 너한테는 빗자루 한 자루면 충분히 족하지 않냐?" 그러자 상대는 빗자루라는 말이 귀에 거슬렸는지 단단히 약이 올라 카르멘에게 이렇게 응수를 했다고 합니다. "나는 보헤미아 여자도 아니고, 사탄의 종도 아니니까 빗자루 같은 건 잘 모르지만, 시장님이 파리를 쫓아내기 위해 하인을 두 명 거느리고 카르멘과 함께 산책을 다니게 되면, 그때는 너도 당나귀와 빨리 친해지겠다."라고 말입니다. 그러자 카르멘은 "그래! 그렇다면 네 상판대기에다 파리가 물먹는 장소를 파 주지. 바둑판무늬35를 그려 주마."고 말했다고 합니다. 그리고 나서 카르멘은 걷잡을 사이도 없이 여송연 끝을 자르던 칼을 들고 달려들어 상대방의 얼굴에다 성(聖) 안드레36의 십자가를 그려버린 모양입니다.

---

35 'Pintar un javeque' : '세 기둥 돛배를 그리다'의 의미이다. 스페인의 세 기둥 돛배는 대부분 그 선복(船腹)이 붉은 색과 흰 색의 바둑판 무늬로 색칠되어 있다.

36 성 안드레(성 베드로의 동생)는 십자형의 십자가에 못 박혀 죽었다.(역주)

사건은 분명했습니다. 나는 카르멘의 팔을 잡고 점잖게 말했습니다. "—아가씨, 나와 같이 갑시다." 그녀는 마치 나를 아는 듯이 쳐다보더니, 곧 체념한 태도로 이렇게 말했습니다. "—갑시다. 그런데 내 머리 수건은 어디 있지요?" 그녀는 커다란 한 쪽 눈만 보이게 수건을 머리에 감고 양처럼 순하게 병사 두 명을 따라갔습니다. 위병소에 도착하자 상사는 사태가 사태이니만큼 그 여자를 감옥으로 데려가야 한다고 했습니다. 이번에도 내가 그 여자를 데리고 가게 되었습니다. 그 여자를 두 명의 용기병 사이에 세우고 나는 그 뒤를 따라갔습니다. 그와 유사한 경우 하사는 그렇게 행동해야 했습니다. 우리는 시내로 향했습니다. 처음엔 그 보헤미아 여자도 침묵을 지키고 있었습니다. 하지만 세르팡[37] 거리로 접어들자 —선생님도 아시다시피 그 길은 꼬불꼬불한 것이 그 이름과 잘 어울립니다— 여자는 먼저 머리 수건을 어깨 위로 스르르 내려뜨리면서 나에게 어리광을 피우는 듯한 얼굴을 보여주려고 했고, 또 가능한 한 나에게 몸을 돌리고는 이렇게 말하는 것이었습니다.

"장교님, 나를 어디로 데려가는 거죠?"

"—안됐지만 감옥이야." 하고 나는 될수록 부드럽게 그녀에게 대답했습니다. 선량한 군인이 죄수에게, 그것도 여자 죄수에게 말할 때 하는 식으로 말입니다.

"—아! 그럼 난 어떻게 되나요? 장교님, 나를 불쌍히 여겨주세요. 장교님은 참 젊고 친절하셔……."

---

37 'Serpent'은 '뱀'을 의미한다.(역주)

그리고 나서 더욱 낮은 목소리로 이렇게 말하는 것이었습니다.

"나를 도망치게 해주세요. 그러면 모든 여자가 당신을 사랑할 수 있는 '마술의 돌' 한 조각을 드릴게요."

그 '마술의 돌'이라는 것은 천연자석입니다. 하지만 보헤미아 사람들에 의하면 그 사용법을 알면 그것으로 여러 종류의 마술을 할 수 있다고 합니다. 그 돌을 갈아서 백포도주 속에 조금만 넣어 여자에게 먹이기만 하면 그 여자는 반항하지 못한다고 합니다. 나는 아주 진지하게 말했습니다.

"농담하려고 이곳에 있는 것이 아니야. 감옥으로 가야 해. 이건 명령이야. 어떻게 할 수가 없어."

우리 바스크 사람들은 억양이 있어서 스페인 사람들과 쉽게 구별됩니다. 반대로 스페인 사람들 가운데는 'baï, jaona'[38]라는 말을 배워 제대로 발음할 수 있는 자가 한 명도 없을 것입니다. 그래서 카르멘은 그다지 힘들지 않고 곧바로 내가 그 지방에서 왔다는 것을 알아차렸습니다. 선생님께서 아시는 바와 같이 보헤미아 사람들은 일정한 조국도 없고, 또 항상 유랑을 하기 때문에 여러 나라의 말을 할 수 있습니다. 그들 대부분은 포르투갈, 프랑스, 바스크 지방, 카탈루냐 등 모든 곳이 자기들 나라와 다름없습니다. 무어 사람이나 영국 사람과 말이 통하기도 합니다. 카르멘은 바스크 말을 꽤 많이 알고 있었습니다.

---

38 '예, 선생님(Oui, monsieur)'이라는 뜻이다.

"아이, 반가워라. 같은 고향 사람이네."[39] 하고 갑자기 그 여자가 말했습니다.

선생님, 우리 고향 말은 아주 아름다워 외국에서 그 말을 들으면 전율이 느껴진답니다……

그건 그렇고 "고향 출신의 고해 신부가 한 분 계셨으면 좋겠습니다." 하고 돈 호세는 목소리를 낮추어 덧붙였다.

한동안 침묵을 지킨 후에 그는 다시 말을 이었다.

"나는 엘리손도 출신이야." 하고 바스크 말로 말했습니다. 그여자가 고향 말을 하는 것을 듣자 가슴이 뭉클했던 것입니다.

"나는 에찰라르 출신이에요." 그녀가 말했습니다. (에찰라르는 우리 고향에서 네 시간 걸리는 곳입니다.) "보헤미아 사람들 때문에 세비야로 끌려왔어요. 어떻게 해서든지 나바라에 계시는 어머니 곁으로 돌아가기 위해 돈을 벌려고 공장에서 일을 하게 되었지요. 어머니가 의지할 사람이라곤 나 하나밖에 없어요. 그리고 사과나무가 스무 그루쯤 있는 조그만 '바라체아'[40]가 하나 있을 뿐이에요. 아! 하얗게 눈이 덮인 산이 있는 고향에서 흰 산을 보고 있었다면, 이런 모욕은 안 당했을 텐데! 내가 이런 사기꾼들이나 썩어빠진 오렌지 장사꾼들이 사는 이 고장 출신이 아니니까 이런 모욕을 받은 거에요. 게다가 세비야의 '자크'[41]가 칼을 휘두르며 달

---

39 원문은 "Laguna, ene bihotsarena"이다.(역주)

40 'barratcea' : '동산', '정원'의 의미이다.

41 'jacques' : '용감한 자들', '큰소리치는 자들'의 의미이다.

려들더라도 푸른 베레 모자에 철곤봉을 든 우리 고향 젊은이들은 무서워하지 않을 것이라고 말했더니, 그 계집들이 모두 나에게 대들었던 거예요. 이보세요, 고향 아저씨, 고향 여자를 위해 뭐 좀 어떻게 좀 할 수 없을까요?"

선생님, 그녀는 거짓말을 했던 것입니다. 그 여자는 거짓말을 입에 달고 살았습니다. 그 여자는 평생 동안 단 한 마디라도 진실을 말한 적이 있는지 모르겠습니다. 그러나 그 여자가 그런 말을 했을 때 나는 그대로 믿어버렸습니다. 어쩔 수 없었습니다. 여러 차례 바스크 말을 틀리게 발음했지만 나는 그 여자가 나바라 여자라는 것을 믿어버렸습니다. 그 여자의 눈과 입과 피부색 모두 그녀가 보헤미아 사람이라는 것을 말해주고 있었습니다. 나는 정신이 없었습니다. 그 어떤 것에도 주의를 할 수가 없었습니다. 스페인 사람들이 내 고향의 흉을 보았다면, 그 여자가 자기 동료에게 했던 것처럼 나 또한 그들의 얼굴에 칼자국을 냈을 것이라고 생각하고 있었습니다. 요컨대 나는 그때 술에 취한 사람처럼 바보 같은 소리를 지껄이고 또 자칫 바보 같은 짓을 할 수도 있는 그런 상태에 있었습니다.

"—내가 아저씨를 떠밀 테니 그저 넘어지기만 하세요." 그녀가 바스크 말로 말했습니다. "그렇게만 해주면 카스티야의 풋내기 군인들에게 붙잡히진 않을 거예요……"

그러자 나는 명령이고 뭐고 모두 잊어버리고 이렇게 말했습니다.

"좋다. 이 고향 여자야, 그럼 그렇게 해보자. 우리 고향 산의 성모님이 도와주시길 기도하마!"

그때 마침 우리는 세비야에서 흔히 볼 수 있는 좁은 골목길 앞을 지나는 참이었습니다. 카르멘은 갑자기 홱 돌아서면서 내 가슴팍을 주먹으로 쳤습니다. 나는 일부러 발라당 나자빠졌습니다. 그 여자는 단번에 나를 뛰어넘더니 두 다리를 드러내고 달려갔습니다!……

바스크 여자들의 다리라는 말이 있습니다. 하지만 그 여자의 다리도 그보다 훨씬…… 빠르기도 했고 또 그 맵시도 보통이 아니었습니다. 나는 곧 몸을 일으켰습니다. 하지만 창으로 길을 가로막으면서 일어났고, 이것이 적중해 그녀를 추격하려고 하는 순간 부하들이 제지를 당했던 것입니다. 그런 다음 나도 뛰기 시작했고, 그들도 내 뒤를 쫓아왔습니다. 그러나 소용없는 일이었습니다! 박차는 달려 있지, 칼은 절그럭대지, 게다가 창[42]까지 들고 있으니 쫓아갈 엄두를 낼 수 없었습니다. 이렇게 말로 하면 긴 것 같습니다만, 그야말로 눈 깜짝할 사이에 그 여자는 사라졌습니다. 더군다나 그 구역에 있는 여자들이 모두 카르멘의 도주를 도와주었습니다. 그리고 그녀들은 우리를 놀리면서 가짜 길을 가르쳐주었습니다. 우리는 몇 번씩 왔다갔다 하다가 결국 형무소장의 인수증을 받지 못한 채 위병소로 돌아가야 했습니다.

부하들은 벌을 면하기 위해 카르멘이 바스크 말로 나와 소곤

---

42 스페인의 기병대는 모두 창으로 무장하고 있다.

댔다고 말해버렸습니다. 사실을 말하자면 작은 여자의 주먹 한 방으로 나와 같은 사내대장부가 그리 쉽게 나뒹굴었다는 것은 너무나도 부자연스런 일로 보였습니다. 수상하기보다는 모든 일이 오히려 분명해 보였습니다. 위병 근무가 끝나자 나는 강등이 되었고, 한 달 동안 감옥에 갇힌 신세가 되었습니다. 이것이 내가 군대에 들어와 받은 첫 번째 벌이었습니다. 이미 따논 당상이라고 생각했던 상사의 금줄과도 이별이었습니다!

감옥에서 보낸 처음 며칠 동안 나는 아주 서글펐습니다. 군인이 되면서 적어도 장교는 될 거라고 생각했습니다. 동향 사람인 롱가와 미나도 지금 장교가 되었습니다. 미나처럼 흑인이고 또 그처럼 선생님의 나라에 망명하고 있는 차펠란가라도 대령이 되었습니다. 나는 차펠란가의 동생과 함께 공놀이를 여러 차례 같이 한 적이 있었습니다. 그 녀석도 나처럼 평범한 놈이었습니다. 그 무렵 나는 속으로 이런 생각을 했습니다. 지금까지 한 번도 벌을 받지 않고 복무한 것이 헛수고가 되어버렸구나! 한 번 눈 밖에 난 이상 상관들의 신임을 다시 얻으려면 졸병 때보다 열 배는 더 열심히 일을 해야 할 거다! 그런데 왜 벌을 받게 되었지? 나를 놀린 그 보헤미아 여자 때문이다! 지금 시내 어느 모퉁이에서 도둑질이나 하고 있을 그 여자 때문이다! 하지만 나는 그녀를 생각하지 않을 수 없었습니다. 선생님께서 이런 말을 그대로 믿으실지 모르겠지만, 그 여자가 도망치면서 다 드러낸 그 구멍 뚫린 비단 양말이 계속 눈앞에 아른거렸습니다. 나는 감옥의 창살을 통해 길을 바라보곤

했습니다. 하지만 지나가는 모든 여자들 가운데 그 악마 같은 여자에 비길만한 여자는 한 명도 없었습니다. 그리고 내 자신도 모르게 그 여자가 던져준 아카시아꽃 향기를 맡곤 했습니다. 꽃은 시들었지만 여전히 좋은 향기를 머금고 있었습니다……. 여자 마법사가 있다면 그 여자야말로 진짜 마법사였던 것입니다.

하루는 간수가 들어와 나에게 알칼라 빵[43]을 건네주었습니다.

"자, 받아라. 네 사촌누이가 보낸 거다." 하고 간수가 말했습니다.

나는 깜짝 놀라 빵을 받았습니다. 세비야에 사촌누이가 있을 리가 만무했습니다. 빵을 보면서 뭔가 잘못되었겠지 하고 생각했습니다. 하지만 아주 먹음직스럽고 냄새도 좋아 어디서 왔고 누가 보내준 것인지 상관하지도 않고 그 빵을 먹기로 했습니다. 빵을 자르는데 칼에 무엇인가 딱딱한 것이 부딪혔습니다. 잘 살펴보니 조그만 영국제 줄칼이 들어 있었습니다. 빵을 굽기 전에 반죽 속에다가 넣어둔 모양입니다. 또한 빵 속에는 2 피아스트르 금화 한 닢이 들어 있었습니다. 더 이상 의심의 여지가 없었습니다. 카르멘의 선물이었던 것입니다. 보헤미아 사람들에게는 자유가 전부입니다. 감옥살이를 하루 면하기 위해서라도 도시 전체를 불살라버릴 수도 있는 족속들입니다. 더군다나 카르멘은 재치 있는 여자여서 이런 빵으로 간수들을 속인 것입니다. 그 작은 줄칼이라면 한

---

43 '알칼라(Alcalá)'는 세비야에서 이십 리쯤 떨어진 읍으로 맛 좋은 작은 빵으로 유명한 고장이다. 빵 맛이 좋은 것은 알칼라의 물이 좋기 때문이며, 매일 많은 빵이 세비야로 유입된다.

시간 안에 아주 굵은 창살도 끊을 수 있고, 2 피아스트르 금화를 가지면 첫 번째로 만나는 헌옷 가게에서 모자가 달린 제복을 일반 사람들이 입는 평복으로 바꿔 입을 수 있을 겁니다. 선생님께서도 짐작하시겠지만, 절벽에서 여러 번 독수리 둥우리에서 독수리 새끼를 꺼내본 적이 있는 사내가 서른 자 높이도 안 되는 창밖의 길로 뛰어내리는 것은 그다지 어려운 일이 아닙니다. 하지만 나는 탈옥하고 싶지 않았습니다. 여전히 군인으로서의 명예를 지키고 있었던 것입니다. 또한 탈옥한다는 것이 큰 죄처럼 생각되었습니다. 다만 그 여자가 나를 기억하고 있다는 그 표지로 인해 감격했던 것뿐입니다. 감옥에 갇혀 있는 경우 사람은 자기에게 관심을 가져주는 사람이 밖에 있다는 생각을 하고 싶은 겁니다. 금화가 조금 걸려서 곧 돌려보낼까 했습니다. 하지만 그 돈 주인을 어디에서 찾아낼 수 있겠습니까? 그것은 쉬운 일이 아닐 것 같았습니다.

강등식이 있은 후 나는 이제 괴로워해야 할 일이 아무것도 없다고 생각하고 있었습니다. 그런데 아직도 참아내야 할 또 하나의 굴욕이 남아 있었습니다. 출옥하자마자 나는 일개 졸병 신분으로 근무 명령을 받고 보초를 서야 했습니다. 선생님께서는 이때 기백 있는 사나이의 심정이 어떠했을지 상상하지 못하실 겁니다. 총살당하는 것이 차라리 낫겠다고 생각하기도 했습니다. 그 경우 적어도 소대의 선두에 서서 혼자 걸을 수 있고, 그러면서 자기가 무슨 대단한 사람이나 된 듯한 느낌을 가질 수도 있을 겁니다. 또한 한순간이나마 세상 사람들의 주목을 받을 수도 있을 겁니다.

나는 대령의 집 앞에서 보초를 서게 되었습니다. 대령은 부자이고, 사람 좋고, 놀기도 좋아하는 젊은이였습니다. 모든 젊은 장교들이 그 집으로 왔고, 민간인들과 여자들도 모여들었습니다. 소문에 의하면 그 여자들은 배우들이라고 했습니다. 내 입장에서 보면 많은 시민들이 나를 보려고 그 집으로 모여든 것처럼 생각되었습니다. 마침내 대령의 마차가 도착했고, 마부석에는 그의 하인이 타고 있었습니다. 그런데 누가 내리는 것을 보았겠습니까?…… 바로 그 집시 여자였습니다. 그날 그 여자는 보석 상자라도 된 것처럼 단장하고 있었습니다. 화장을 하고 온몸에는 금과 리본을 휘감은 요란한 모습이었습니다. 옷에도 푸른 신에도 온통 금박이 박혀 있었으며, 온몸이 꽃과 금줄로 뒤덮여 있었습니다. 손에는 바스크 북을 들고 있었습니다. 그 여자와 함께 두 명의 다른 보헤미아 여자가 있었는데, 한 명은 젊고, 다른 한 명은 늙은 여자였습니다. 여자들을 관리하기 위해 늙은 여자가 따라다니기 일쑤였습니다. 그리고 기타를 든 노인이 한 명 있었는데, 역시 보헤미아 사람으로 기타를 치면서 여자들이 춤을 추는 것을 도왔습니다. 선생님께서 잘 아시는 것처럼 사교계에서는 종종 보헤미아 여자들을 불러다가 노는데, 그것은 '로말리스'라는 그녀들의 춤을 추게 하기 위해서입니다. 또한 그 밖에 다른 짓을 시키는 경우도 있다고 합니다.

카르멘은 나를 알아보았고, 우리들은 서로 시선을 주고받았습니다. 그때 무슨 까닭인지 모르지만 나는 땅속으로 기어들어가고 싶은 심정이었습니다.

"안녕! 아저씨![44] 장교님이 신병처럼 보초를 서고 계시네!"라고 그녀가 말했습니다.

그리고 나서 내가 대꾸할 말을 찾아내기도 전에 그녀는 집안으로 들어 가버렸습니다.

모든 사람들이 안뜰에 모여 있었습니다. 그렇게 많은 사람들이 왔음에도 불구하고 나는 안에서 일어나는 일을 쇠살문[45]을 통해 거의 다 볼 수 있었습니다. 캐스터네츠 소리, 북소리, 웃음소리, 환호소리가 들려왔고, 가끔 그 여자가 북을 들고 뛰어오를 때는 머리도 볼 수 있었습니다. 또 장교들이 그 여자에게 하는 여러 가지 말소리도 들렸는데, 얼굴이 화끈 달아오르는 내용도 있었습니다. 그 여자가 하는 대답은 전혀 알 수가 없었습니다. 바로 그날부터 내가 그 여자를 진정으로 좋아하기 시작했다는 생각이 듭니다. 그도 그럴 것이 뜰로 뛰어 들어가 그 여자에게 수작을 거는 모든 젊은 놈들의 배를 칼로 찔러버리고 싶은 생각이 서너 번은 들었기 때문입니다. 그 고문의 시간을 족히 한 시간 이상을 견뎌야 했습니다. 그런 다음에야 보헤미아 사람들이 밖으로 나왔고, 그들은 마차를 타고 되돌아갔습니다. 카르멘은 지나가면서 선생님도 아시는 그런 눈으로 다시 한 번 나를 보고 아주 낮은 소리로

---

44 'Agur laguna' : '안녕, 친구야'의 의미도 있다.

45 세비야의 가옥에는 대개 회랑으로 둘러싸인 안뜰이 있다. 여름에는 거기서 지낸다. 뜰에다 천막을 치고 낮에는 거기에다 물을 뿌리고, 저녁에는 다시 그 천막을 치운다. 길로 난 문은 거의 언제나 열려 있고, 안뜰로 통하는 길, 즉 '사구안(zaguan)'은 아주 운치 있게 꾸며진 쇠살문으로 닫혀 있다.

내게 이렇게 말했습니다.

"고향 양반, 맛있는 튀김을 좋아하거든 트리아나에 있는 리야스 파스티아 집으로 먹으러 오세요."

염소 새끼처럼 가볍게 그녀는 마차에 올랐고, 마부는 노새에 채찍질을 했습니다. 그렇게 그 즐거운 일행은 어디론가 가버렸습니다.

선생님께서 짐작하시겠지만, 나는 근무를 마치자마자 트리아나로 갔습니다. 가기 전에 우선 면도를 하고 열병식 날처럼 군복에 솔질을 하기도 했습니다. 그 여자는 리야스 파스티아의 선술집에 있었습니다. 리야스 파스티아는 나이든 남자 튀김장수로, 무어 사람처럼 살결이 검은 보헤미아 사람이었습니다. 많은 사람들이 그 집으로 생선 튀김을 먹으러 갔습니다. 특히 카르멘이 그곳에 머물게 된 후로는 손님이 부쩍 늘어난 모양입니다.

그 여자는 나를 보자마자 이렇게 말했습니다.

"리야스, 오늘 일은 그만 할게요. 내일도 날이니까![46] 자, 고향 양반, 산책이나 가죠."

그 여자는 코앞까지 머리 수건을 두르고 거리로 나왔는데, 나는 어디로 가는 건지 종잡을 수가 없었습니다.

내가 그녀에게 말했습니다.

"아가씨, 감옥에 있을 때 당신이 보내준 선물 고마웠어요. 빵은 먹었고, 줄은 내 창(槍)을 가는 데 사용될 테니 기념으로 간직

---

46 "Mañana será otto dia." : 스페인 속담이다.

할게요. 하지만 돈은 여기 있어요."

"─이런! 돈을 아직도 가지고 계시네." 하고 그 여자는 웃음을 터뜨리며 큰소리로 말했습니다. "잘 됐네요. 난 지금 빈털터리에요. 하지만 상관없어요. 돌아다니는 개는 굶어 죽진 않는 법이니까요.[47] 자, 다 써 버리죠. 당신이 한 턱 내는 거예요."

그렇게 해서 우리는 세비야로 가는 길로 다시 들어섰습니다. 세르팡 거리의 입구에서 그 여자는 오렌지를 열두 개 정도 사서 내 손수건에 싸게 했습니다. 조금 더 가서는 빵과 소시지와 만사니야 술 한 병을 사고, 그 다음엔 과자점으로 들어갔습니다. 거기서 그 여자는 내가 돌려준 금화와 자기 호주머니에 있던 다른 금화 한 닢과 은화 몇 닢을 계산대 위에 던지고는 나더러 가지고 있는 돈을 전부 내놓으라고 했습니다. 나는 은화 한 닢과 동전 몇 닢밖에 없었는데, 그것이나마 그녀에게 주었습니다. 더 많이 가지고 있지 못한 것이 몹시 부끄러웠습니다. 그 여자가 가게를 송두리째 털어가는 것이 아닌가 생각했습니다. 그 여자는 제일 보기 좋고 제일 비싼 것으로, '예마스[48]', '투론[49]', 과일잼 등을 돈이 될 때까지 사는 것이었습니다. 이 모든 것을 종이봉지에 넣어서 내가 들고 가야 했습니다. 선생님께서도 칸딜레호 거리를 아실 겁니다. 그

---

47 "Chuquel sos pirela, Cocal terela." : "개도 걸어다니면 뼈다귀를 발견한다"는 의미의 보헤미아 속담이다.

48 'yemas' : '달걀 노른자 위에 설탕을 친 것'의 의미이다.

49 'turon' : '누가'의 일종이다.

곳은 심판자 돈 페드로[50]의 흉상이 있는 곳입니다. 당연히 그것을 보고 나는 반성을 했어야 옳았을 겁니다. 우리 두 사람은 그 거리의 한 낡은 집 앞에서 멈췄습니다. 그 여자는 골목 안으로 들어가 맨 아래층 문을 두드렸습니다. 그러자 정말 악마의 여종 같은 한 늙은 보헤미아 여자가 나와 문을 열어주었습니다. 카르멘은 그 여자에게 뭐라고 몇 마디 로마니어로 말을 했습니다. 노파는 처음엔 투덜거렸습니다. 그 노파를 달래려고 카르멘은 그녀에게 오

---

50 돈 페드로 왕은 '폭군'으로 불리지만, 왕비 이사벨라 라 가톨릭은 그를 '심판자'라고 부른다. 이 왕은 회교도의 왕 하룬 알 라시드처럼 저녁에 모험을 즐기면서 세비야의 거리를 돌아다니는 것을 좋아했다. 어느 날 밤 왕은 호젓한 거리에서 연인에게 세레나데를 부르던 한 사내와 충돌하게 되었다. 싸움이 벌어져 왕은 그 연애하는 기사를 죽였다. 칼 부딪히는 소리를 듣고 한 노파가 창문으로 머리를 내밀고, 손에 들고 있던 조그만 램프, 즉 '칸딜레호(candilejo)'로 그 현장을 비추었다. 그런데 돈 페드로 왕은 날쌔고 힘이 세기는 했지만 이상한 걸음걸이를 하는 버릇이 있었다는 점을 기억해두자. 그가 걸을 때면 무릎 뼈가 몹시 삐걱거렸던 것이다. 노파는 그 소리를 듣고 쉽사리 그가 왕이라는 것을 알아차렸다. 이튿날 재직 중인 감찰관이 왕에게 보고를 하러 왔다. "폐하, 간밤에 이러저러한 거리에서 결투를 한 자들이 두 명 있었습니다. 그 중 한 명이 죽었습니다." "─살해자를 찾아냈는가?" "─예, 찾아냈습니다, 폐하." "─그럼 왜 아직까지 처벌하지 않았는가?" "─어명을 기다리고 있나이다, 폐하." "─법대로 시행하라." 그런데 최근에 왕의 이름으로 결투한 자는 누구나 목을 베어 결투한 장소에 내건다는 내용의 법령이 발표되었다. 검찰관은 재치 있는 사람답게 사건을 처리했다. 즉 왕의 조상의 머리를 톱으로 썰어 살인 현장인 거리 한가운데의 벽이 움푹 들어간 곳에 얹혀 놓았다. 왕과 세비야의 모든 시민들은 그런 처사를 매우 칭찬했다. 그 거리는 사건의 유일한 목격자인 노파가 비추었던 램프의 이름을 가지게 되었다. 이것이 민간에 내려오는 전설이다. 수니가는 이 이야기를 좀 다르게 하고 있다. (《세비야 연감》 제2권 136쪽을 보라.) 어쨌든 세비야에는 아직도 칸딜레호 거리가 있고, 그 거리에는 돈 페드로 왕의 조상의 흉상이 있다. 유감스럽게도 그 흉상은 그리 오래된 것이 아니다. 옛날 것은 17세기에 몹시 헐어서 당시의 시 당국이 오늘날 볼 수 있는 것과 바꾸어 놓은 것이다.

렌지 두 개와 과자 한 줌을 주고 또 포도주도 맛보게 해주었습니다. 그리고 노파의 등에다 자기의 외투를 걸쳐주고 카르멘은 그녀를 문으로 데리고 가서 내보내고는 나무 빗장을 문에 질렀습니다. 단 둘이만 남게 되자 그 여자는 "그대는 나의 '롬', 나는 그대의 '로미[51]"라고 노래를 하면서 미친 듯이 춤을 추고 웃기 시작했습니다.

방 한가운데에서 나는 사 온 물건을 안은 채 그것을 어디다 놓아야 할지 몰라 그냥 서있었습니다. 그 여자는 그것을 모조리 방바닥에 집어 던지더니 이렇게 말하면서 내 목을 끌어안았습니다.

"난 빚을 갚는 거야, 빚을 갚는 거야! 이건 '칼레들'의 법[52]이니까!"

아! 선생님, 그날! 그날!…… 그날을 생각할 때마다 나는 내일을 잊어버리곤 한답니다.

그 도적은 한 순간 입을 다물었다가 여송연에 불을 다시 붙이고 이야기를 계속했다.

우리는 먹고 마시고 또 다른 짓도 하면서 하루 종일 같이 지냈습니다. 카르멘은 여섯 살 난 계집애처럼 과자를 실컷 먹고 나서, 그것을 몇 움큼 집어 노파의 물 항아리 속에 넣으며 이렇게 말하는 것이었습니다. "노파에게 셔벗을 만들어주기 위해서예요."

---

51   'rom'은 '남편', 'romi'는 '아내'의 의미이다.(역주)

52   Calo. 여성형은 Calli, 복수형은 Calés. 직역하면 '검둥이'. 보헤미아 사람들은 자기들 말로 서로 그렇게 부른다.

그 여자는 예마스를 벽에 던져 터뜨리면서 또 이렇게 말하는 것이었습니다. "파리가 우리를 귀찮게 하지 못하도록 하는 거예요." 그 여자는 온갖 장난을 하고 온갖 수선을 다 피웠습니다. 나는 그녀의 춤추는 모습을 보고 싶다고 했습니다. 하지만 캐스터네즈를 어디서 구할 수 있었겠습니까? 그 여자는 곧장 하나밖에 없는 노파의 접시를 깨서 조각을 내고, 마치 흑단이나 상아로 된 캐스터네즈를 다루듯이 교묘하게도 그 사기 조각을 딸까닥거리면서 로말리스 춤을 추었습니다! 그 여자 곁에 있으면 절대로 지루하지 않을 겁니다. 장담합니다. 저녁이 되자 귀영을 알리는 북소리가 울렸습니다.

"점호 때문에 막사에 돌아가야 돼." 하고 나는 말했습니다.

"—막사에? 그래 당신이 흑인노예야? 쇠꼬챙이처럼 말도 못하고 끌려 다니게. 당신은 진짜 노란색 카나리아야. 옷도 그렇고[53], 성격도 그래. 맞아, 꼭 병아리처럼 겁쟁이야."라고 그 여자가 멸시하는 투로 말했습니다.

나는 이미 영창 갈 것을 각오하고 그대로 있었습니다. 아침에 먼저 헤어지자고 한 것은 그 여자였습니다.

"이봐요, 호세이토, 이제 빚은 갚은 셈이죠? 우리 법대로 한다면 내가 당신에게 빚진 건 하나도 없어요. 당신은 '페일로'니까. 하지만 당신은 미남이라 내 맘에 든 거예요. 이젠 다 청산한 거예요. 그럼 안녕."

---

53 스페인의 용기병은 노란 군복을 입었다.

나는 언제 또 볼 수 있겠느냐고 그 여자에게 물었습니다.

"당신이 바보 같은 짓을 덜 하게 될 때예요." 하고 그 여자는 웃으며 대꾸했습니다. 그리고는 더 진지한 말투로 이렇게 말했습니다. "이봐요. 아무래도 내가 당신을 좋아하는가 봐요. 하지만 계속 그럴 수는 없을 거예요. 개와 늑대는 사이좋게 오래 못 지내는 법이니까요. 당신이 이집트[54]의 법을 따른다면 내가 당신의 로미가 될 수 있을 거예요. 하지만 다 쓸데없는 바보 같은 짓이에요. 불가능한 일이예요. 흥! 당신에게는 별 다른 일이 없었던 거예요. 당신은 악마를 만난 거예요. 그래요, 악마를 말이에요. 악마가 늘 새카맣지는 않거든요. 또한 그 악마가 당신의 목을 졸라매는 것도 아니에요. 나는 양모로 된 옷을 입었지만 양은 아니랍니다.[55] '마하리'[56] 앞에 가서 촛불을 켜세요. 그녀는 그 만한 일을 해주니까요. 자, 다시 한 번 인사를 하겠어요. 다시는 카르멘시타를 생각하지 말아요. 그렇지 않으면 카르멘시타는 당신을 '나무다리 과부'하고 결혼시켜 버릴 거예요.[57]"

이렇게 말하면서 그 여자는 문에 질렀던 빗장을 풀고 길로 나서자마자 머리 수건을 두르고 발걸음을 돌려버렸습니다.

---

54 여기서 이집트라는 나라의 이름이 거론되고 있는 것은 집시들 스스로 자신들의 원래 나라가 이집트였다고 생각하기 때문이다.(역주)

55 "Me dicas vriardâ de jorpoy, bus ne sino braco." : 보헤미아의 속담이다.

56 '성녀', '성모 마리아'를 가리킨다.

57 '교수대'를 가리킨다. 교수대는 마지막으로 매달려 죽은 사내의 과부인 셈이다.

그 여자의 말은 사실이었습니다. 그 여자를 다시 생각하지 않는 것이 현명했을 겁니다. 그런데 칸딜레호 거리에서 하루를 보낸 후로 나는 다른 것을 생각할 수가 없었습니다. 그 여자를 만나길 바라면서 하루 종일 거리를 헤매기도 했습니다. 그 여자에 대한 소식을 노파와 튀김장수에게 물어보았습니다. 두 사람은 그 여자가 '랄로로'[58]로 멀리 떠났다고 말해주었습니다. 포르투갈을 그렇게 불렀던 것입니다. 아마도 그 두 사람은 카르멘의 지시에 따라 그렇게 알려주었을 겁니다. 하지만 나는 곧 그 두 사람이 거짓말을 했다는 것을 알게 되었습니다. 칸딜레호 거리에서 그 여자와 함께 보낸 날로부터 몇 주가 지난 어느 날 나는 성문에서 보초를 서고 있었습니다. 그 성문에서 얼마 떨어지지 않은 성벽에 구멍이 뚫려 있었습니다. 낮에는 벽돌공들이 그곳을 고치는 일을 했고, 밤에는 밀수입을 막기 위해 보초를 세워 놓았던 것입니다. 나는 낮에 리야스 파스티나가 파수대 주위를 왔다갔다하는 것을 보았고, 동료 파수꾼들 몇 명과 얘기를 나누는 것도 보았습니다. 모두 그 작자를 잘 알고 있었고, 그 작자의 튀긴 물고기와 튀김은 더 잘 알고 있는 것 같았습니다. 그는 나에게 다가오더니 카르멘의 소식을 아느냐고 물었습니다.

"모르는데." 하고 내가 대답하자,

"—그럼, 곧 알 수 있을 겁니다, 나으리." 하고 그가 말을 했습니다.

58 'Laloro' : '붉은 땅'이라는 의미이다.

그의 말은 거짓이 아니었습니다. 밤에 나는 성벽의 구멍을 지키면서 보초를 서게 되었습니다. 하사가 가자마자 한 여자가 나한테로 오는 것이 보였습니다. 나는 속으로 카르멘일 것이라고 생각했습니다. 하지만 나는 고함을 질렀습니다.

"물러서라! 통과금지다!"

"―나한테 심술궂게 그러지 말아요." 그 여자는 자기가 누구라는 것을 알려주면서 이렇게 말했습니다.

"―아니! 카르멘, 당신이야!"

"―그래요. 고향 양반. 긴 말은 생략하고 실속 있는 말만 하기로 해요. 일 두로 벌고 싶지 않아요? 지금 짐을 짊어진 사람들이 올 테니 그들을 통과시켜줘요."

"―안 돼. 그들을 통과시킬 수 없어. 이건 명령이야." 하고 나는 대답했습니다.

"―명령!, 명령이라고요! 칸딜레호 거리에 있을 때 당신은 명령 같은 건 무시했잖아요."

그날 밤의 추억만으로도 정신이 혼미해진 나는 이렇게 응수를 했습니다.

"―음! 그땐 명령을 잊어버릴 만도 했지. 하지만 지금 난 밀수업자의 돈은 바라지 않아."

"―그럼, 돈은 필요 없다고 쳐요. 하지만 우리 함께 그 도로테아 할멈 집으로 저녁 먹으러 가지 않을래요?"

"―안 돼! 그럴 수 없어."라고 나는 필사의 노력을 하면서 목매인 소리로 겨우 대답했습니다.

"─그럼 좋아요. 당신이 까다롭게 군다면 나도 부탁할 사람이 따로 있으니까요. 당신 상관한테 가서 도로테아 집으로 가자고 해야겠네요. 그 사람은 착해 보이니까 적당히 눈을 감아 줄 눈치 빠른 부하를 보초로 세워줄 거예요. 자, 잘 있어요, 카나리아 양반. 당신이 교수대에 매달리는 명령이 내려지는 날에 내가 실컷 웃어줄게요."

마음 약하게도 나는 그 여자를 다시 불렀습니다. 그리고 필요하다면 얼마든지 보헤미아 사람들을 모두 통과시켜 주겠다고 약속했습니다. 내가 원하는 단 한 가지 대가를 치른다는 조건으로 말입니다. 그 여자는 내일이라도 그 약속을 지키겠다고 맹세했습니다. 그리고 나서 그 여자는 근처에 숨어 있는 패거리들에게 알리러 달려갔습니다. 그들은 다섯 명이었는데, 그 가운데는 파스티아도 있었습니다. 모두 영국제 물건을 짊어지고 있었습니다. 카르멘은 망을 보았습니다. 순찰대가 보이면 카르멘이 곧장 캐스터네츠를 쳐서 알려주기로 했습니다. 그러나 그럴 필요는 없었습니다. 밀수업자들은 순식간에 일을 끝내버렸기 때문입니다.

그 다음날 나는 칸딜레호 거리로 갔습니다. 한참 기다리게 한 후에 카르멘은 별로 기분이 좋지 않은 표정으로 나에게 다가왔습니다. 그리고 이렇게 말했습니다.

"난 두 번 간청하게끔 하는 사람을 안 좋아해요. 당신은 처음에 무슨 이득을 볼지 모르면서도 나에게 더 고마운 일을 해주지 않았나요? 그런데 당신은 어젯밤에 나와 흥정을 했어요. 내가 오늘 왜 여기에 왔는지 모르겠어요. 당신을 더 이상 좋아하지도 않는데 말이에요. 그러니 가세요. 여기 일 두로가 있어요. 어젯밤 봐준 대가에요."

하마터면 나는 그 동전을 그 여자의 얼굴에 던져버릴 뻔했습니다. 그 여자를 때리지 않으려고 많이 참아야 했습니다. 한 시간 동안 언쟁을 하다가 나는 화가 나서 나와 버렸습니다. 미친 사람처럼 이곳저곳을 한동안 헤매다가 한 사원 안으로 들어가게 되었습니다. 그리고 가장 어두운 구석에 앉아서 마구 눈물을 흘리면서 울고 있었습니다. 그때 갑자기 이렇게 말하는 목소리를 들었습니다.

"용의 눈물이라! 그것으로 미약[59](媚藥)을 만들면 좋겠는데—."

고개를 들고 보니 앞에 카르멘이 있었습니다.

"—이것 봐요, 고향 양반, 아직도 나를 원망하는가요?"라고 그녀가 말했습니다. "어쩔 수 없이 나도 당신을 좋아하나 봐요. 좋든 싫든 간에, 당신이 떠나버리자 기분이 이상해졌어요. 자, 이번에는 내 부탁이니 칸딜레호 거리로 같이 가요."

우리는 화해를 한 겁니다. 그러나 카르멘의 기분은 우리 고향의 날씨와 비슷했습니다. 우리 고향의 산간지방에서는 햇볕이 가장 쨍쨍할 때 태풍이 가장 가까이에 있곤 했습니다. 도로테아의 집에서 한 번 더 보자고 약속을 했습니다만, 그날 그 여자는 오지

---

59 성욕을 일으키게 하는 약.(역주)

않았습니다. 도로테아 할멈은 나에게 그 여자가 이집트 일[60]로 랄로로에 갔다고 말해주었습니다.

나는 이미 이런 경험을 해보았기 때문에 그 말을 듣고도 카르멘이 있을만한 곳을 모조리 찾아 다녔습니다. 하루에 스무 번이나 칸딜레호 거리를 왔다갔다 했습니다. 어느 날 밤 나는 도로테아의 집에 있었습니다. 가끔 아니스 술잔을 대접하곤 해서 그 노파를 거의 내 편으로 만들어 놓은 상태였습니다. 그때 카르멘이 한 젊은 사내와 함께 왔습니다. 그 사내는 우리 연대의 중위였습니다.

"빨리 가세요." 하고 그녀가 나에게 바스크 말로 말했습니다.

나는 어리둥절해서 그 자리에 있었습니다. 분노가 치밀어 올랐습니다.

"여기서 뭘 하고 있나? 빨리 꺼지지 못해!" 하고 중위가 나에게 명령했습니다.

나는 한 발자국도 발을 뗄 수가 없었습니다. 마치 마비가 된 사람 같았습니다. 내가 물러나지도 않고 또한 모자조차 벗지 않는 것을 본 장교는 화가 나서 내 멱살을 잡고 흔들어댔습니다. 그때 내가 그에게 무슨 말을 했는지 전혀 알 수가 없습니다. 그가 칼을 뽑았고, 나도 칼을 뽑아 들었습니다. 노파가 내 팔을 붙잡자, 중위는 내 이마를 공격했습니다. 그때 입은 상처가 지금도 남아

---

60 여기서와 아래에서 '이집트의 일'이란 이집트로부터 오는 물건 등을 중간에서 빼앗아 밀매업을 하는 일을 가리킨다.(역주)

있습니다. 뒤로 물러서면서 나는 팔꿈치로 도로테아를 쓰러뜨렸습니다. 그리고 중위가 계속 공격해오자 내가 그의 옆구리에 칼끝을 댔더니 그가 그대로 찔려 버렸습니다. 그 순간 카르멘은 램프를 껐습니다. 도로테아에게는 자기네들 말로 빨리 도망가라고 했습니다. 나도 거리로 나와 무작정 뛰기 시작했습니다. 누군가가 뒤를 쫓아오는 것 같았습니다. 정신을 차리고 보니 카르멘이 내 옆을 떠나지 않고 따라온 것이었습니다.

"당신은, 정말 바보 같은 카나리아야!" 그녀가 이렇게 말했습니다. "당신은 바보짓밖에 못한다니까. 게다가 전에 내가 당신에게 불행을 가져다줄지도 모른다고 말했죠? 어쨌든 로마의 플라망 아가씨[61]를 애인으로 데리고 있으면 모든 일에는 다 해결책이 있는 법이에요. 우선 이 손수건을 머리에 묶고 그 혁대를 던져요. 곧 돌아올 테니 이 골목길에서 기다려요."

그 여자는 사라졌다가 곧 어디서 구했는지 줄무늬가 있는 망토 한 벌을 가져왔습니다. 내 군복을 벗기고 셔츠 위에다 그 망토를 입혀 주었습니다. 그런 옷차림을 하고 머리의 상처를 손수건으로 싸맨 내 꼬락서니는 세비야의 '추파스'[62] 주스를 팔러 오는 발렌시아의 농부와도 비슷했습니다. 그리고 나서 그 여자는 좁은 골

---

61 'Flamenca de Roma' : 보헤미아 여자들을 가리키는 은어이다. 여기서 '로마'는 영원한 도시라는 뜻이다. 스페인에 와서 살게 된 최초의 보헤미아 사람들은 네덜란드에서 왔을지도 모른다. 그들의 '플라망'이란 이름은 거기서 유래한 것이다.

62 'chufas' : 꽤 산뜻한 음료를 만들 수 있는 구근.

목 끝에 있는 도로테아 할멈의 집과 비슷한 집으로 나를 데리고 들어갔습니다. 카르멘과 또 한 명의 보헤미아 여자가 군의관 못지 않은 솜씨로 상처를 씻어 주었고, 붕대를 감아주기도 했습니다. 그리고 뭔지 알 수 없는 음료수를 마시게 하고는 이불을 덮어주었고, 그 이후 나는 잠이 들어 버렸습니다.

아마도 그 음료수에 그들만이 비결을 알고 있는 수면제 비슷한 것을 탄 모양입니다. 그도 그럴 것이 나는 그 다음날 아주 늦게 일어났기 때문입니다. 머리가 많이 아프고 약간의 열도 있었습니다. 한참만에야 비로소 전날 밤에 있었던 끔찍한 장면을 떠올릴 수 있었습니다. 내 상처를 치료해 준 후에 카르멘과 그 여자의 친구는 내 침대 옆에 쭈그리고 앉아서 서로 몇 마디 '치페 칼리'[63]의 말을 주고받았습니다. 분명 치료에 대한 논의였던 것 같습니다. 그리고 두 여자는 곧 나을 것이라고 나를 안심시켰으며, 가능하면 빨리 세비야를 떠나야 한다고 말해주었습니다. 붙잡히기만 하면 틀림없이 총살된다는 것이었습니다.

"이봐요, 당신도 이제는 뭐든 해야겠지요?" 카르멘이 말했습니다. "왕이 더 이상 쌀도 건대구도[64] 주지 않게 된 지금 당신도 밥벌이를 생각해야겠죠. 당신은 '파스테사스'[65]를 하기엔 너무 바보 같지만, 그래도 몸은 날쌔고 튼튼하니까 배짱만 있다면 바닷가로 가

---

63 보헤미아 말로, '로마니'라고도 한다.(역주)

64 스페인 병정의 일상 양식이다.

65 'Ustilar à pastesas' : '교묘하게 훔치기', '폭력을 안 쓰고 슬쩍하기'의 의미이다.

서 밀수업자가 되는 게 어때요. 내가 당신을 교수대에 매달겠다고 약속하지 않았나요? 하지만 그게 총살당하는 것보단 나을 거예요. 게다가 잘만 하면 왕자처럼 살 수도 있어요. '미뇬'[66]이나 해안 경비대에 잡히지 않는 한에서 말이에요."

이런 달콤한 말로 그 악마 같은 여자는 내가 해야 할 새로운 생활을 이야기했습니다. 사실을 말하자면 사형을 받게 된 상황에서 그런 생활은 나에게 남은 유일한 생활이었던 겁니다. 선생님께 이런 말씀까지 드려야 할지 모르겠습니다만, 그 여자는 그다지 힘들이지 않고 나로 하여금 결심을 하게 했습니다. 나는 그런 위험과 반역의 생활을 통해 그 여자와 더 은밀한 관계를 맺을 수 있을 것이라는 생각을 하기도 했습니다. 앞으로는 그 여자의 사랑에 대해 안심할 수 있겠다고 믿기도 했습니다. 안달루시아에서 활개를 치는 몇몇 밀수업자들에 대한 소문은 종종 들은 적이 있었습니다. 그들은 날쌘 말을 타고 손에는 총을 쥐고 뒤에는 애인을 태워 돌아다닌다고 합니다. 그때 나는 벌써 그 귀여운 보헤미아 여자를 내 뒤에 앉히고 산과 들을 달리는 내 모습을 그려보기도 했습니다. 그런 얘기를 했더니 그 여자는 배를 쥐고 웃어 댔습니다. 그리고 그 여자는 세 개의 살대 위에 담요를 덮어 만든 작은 천막집으로 롬들이 저마다 자기 로미를 끼고 들어가서 지내는 야영의 밤처럼 아름다운 것은 이 세상에 없다고 단언하는 것이었습니다.

"일단 산 속에만 들어가면 당신을 믿을 수 있을 거야! 거기에

---

66 'miñons' : '일종의 의용대'라는 의미이다.

는 당신을 공유하자는 중위들은 없을 테니까." 하고 나는 그 여자에게 말했습니다.

"—아이 참! 당신 질투를 하는 군요. 가엾네요. 어쩌면 그렇게 바보 같을까? 내가 당신을 좋아한다는 걸 아직도 모른단 말이에요? 내가 당신에게 돈을 요구한 적이 한 번도 없잖아요."라고 그녀가 말했습니다.

그녀가 그렇게 말할 때 나는 그 여자의 목을 졸라 죽이고 싶었습니다.

간단히 말씀 드리겠습니다. 카르멘이 평복 한 벌을 구해 주었고, 나는 그 옷을 입고 몰래 세비야를 빠져나갔습니다. 나는 파스티아가 한 아니스 술[67]장수에게 써준 편지를 지참하고 헤레스로 갔는데, 이 술장수의 집이 밀수업자들이 모이는 장소였습니다. 나는 그들에게 소개되었습니다. 단카이레[68]라는 별명을 가진 그들의 두목은 나를 자기들 패거리에 받아들여 주었습니다. 우리는 가우신으로 출발했습니다. 거기서 나는 카르멘과 만났는데, 이미 그렇게 약속이 되어 있었습니다. 원정을 나갈 때 그 여자는 우리를 위해 스파이 역할을 했는데, 그녀보다 더 훌륭하게 그 역할을 잘 수행하는 사람은 없었습니다. 그 여자는 지브롤터에서 돌아오는 길이었는데, 벌써 한 명의 선박 보유자와 영국제 물건들의 선적을 합

---

67 알코올, 물, 설탕, 익지 않은 아니스의 열매를 짠 것으로 만든 술이다. (역주)

68 스페인어로 '남의 돈으로 노름을 하는 자'라는 의미이다.(역주)

의를 해놓았으며, 우리는 그것들을 해안가에서 수령하도록 되어 있었습니다. 에스테포나 근처까지 와서 그 물건들을 기다리고 있다가 우리는 그 일부를 산 속에 감춰두고, 나머지는 짊어지고 론다로 갔습니다. 카르멘은 먼저 거기에 가 있었습니다. 그곳에서도 역시 그 여자가 시내로 안전하게 들어갈 시간을 알려주었습니다. 그 첫 번째 밀매업과 그 후 몇 차례 이어진 밀매업의 성과는 괜찮은 편이었습니다. 내게는 밀수업자의 생활이 군대 생활보다 더 나았습니다. 나는 카르멘에게 선물을 하곤 했습니다. 그러니까 돈도 생기고 애인도 얻게 된 것입니다. 결코 후회는 없었습니다. "즐거울 때는 옴도 가렵지 않다,"[69]는 보헤미아 사람들의 말 그대로였습니다. 어디에서든지 우리는 환영을 받았으며, 동료들도 나를 잘 대해주었고, 존경심마저 보여주기도 했습니다. 내가 사람을 죽였기 때문이었습니다. 맹세코 그들 가운데 그런 범죄를 저지르지 못한 자들이 더 많았던 것입니다. 하지만 새로운 생활에서 더욱 더 흐뭇했던 것은 카르멘과 자주 만날 수 있다는 점이었습니다. 그 여자는 나에게 전례 없는 애정을 보여주었습니다. 그렇다고 해서 그녀가 패거리들 앞에서 나의 애인이라는 걸 인정하려 들지는 않았습니다. 게다가 그 여자는 우리 관계에 대해 동료들에게 한 마디도 못하게 온갖 종류의 맹세를 나에게 강요했습니다. 나는 그 여자 앞에서는 약해지기 때문에 그녀의 모든 변덕을 들어주었습니다. 더군다나 그 여자가 나에게 정숙한 여자다운 모습을 보여준

---

69 원문은 "Sarapia sat pesquital ne punzava."이다.

것이 그때가 처음이었습니다. 나는 단순해서 그 여자가 과거의 행실을 완전히 고친 것으로 믿고 말았습니다.

여덟 명이나 열 명으로 구성된 우리 일당은 결정적인 순간에만 한 곳에 모일뿐이었습니다. 보통 때는 두 세 사람씩 짝을 지어 시내나 마을에 흩어져 있었습니다. 우리들 각자는 직업이 있는 척했습니다. 어떤 자는 땜장이고, 또 어떤 자는 말 장수였습니다. 나는 잡화상이었습니다. 하지만 나는 세비야에서 저지른 고약한 사건도 있고 해서 사람들이 많이 모이는 장소에는 거의 모습을 드러내지 않았습니다. 그러던 어느 날, 아니, 어느 날 밤에 우리는 베게르 산기슭에서 모이기로 되어 있었습니다. 단카이레와 나는 다른 자들보다 먼저 그곳에 도착했습니다. 아주 기분이 좋아 보인 단카이레가 나에게 이렇게 말했습니다.

"동료 한 명이 더 늘게 되었다. 카르멘이 멋진 재주를 부렸어. 타리파 감옥에 갇혀 있던 자기 롬을 얼마 전에 탈옥시켰다."

나는 벌써 보헤미아 말을 이해할 수 있었습니다. 우리 일당은 모두 그 말을 썼기 때문이었습니다. 그래서 그 '롬'이라는 단어에 오싹했습니다.

"뭐요! 그 여자의 남편이라고요! 그 여자가 결혼을 했단 말이에요?" 하고 나는 두목에게 물었습니다.

"―그럼, 했고말고. 가르시아라는 애꾸눈의 남잔데, 카르멘 못지않게 약삭빠른 보헤미아 녀석이야. 불쌍하게도 감옥에 갇혀 중노동에 처해 있었어. 카르멘이 감옥의 의사를 잘 구슬려 탈옥시키려고 무진장 애를 썼어. 그런데 이번에는 일이 잘 돼 자기 롬을 석방시키게 된 모양이야. 정말이지 그 여자의 꾀는 끝이 없어. 벌써 이 년 전부터 그 녀석을 탈옥시키기 위해 온갖 수단을 다 써왔으니까. 그러나 옥장(獄長)이 바뀔 때까지는 전혀 효과가 없었는데, 옥장이 바뀌자 그 여자가 잽싸게 흥정에 성공한 것 같아."라고 두목이 말했습니다.

　선생님께서는 그 소식이 내게 얼마나 끔찍한 느낌을 주었는지를 충분히 상상하실 수 있을 겁니다. 나는 곧 애꾸눈 가르시아를 만나게 되었습니다. 그 작자야말로 보헤미아가 길러낸 최고로 사악한 괴물이었습니다. 피부도 검지만 뱃속은 더 검은 작자였습니다. 내 평생 그런 악랄한 작자는 처음 보았습니다. 카르멘은 그 작자와 함께 왔습니다. 내 앞에서 그 작자를 남편이라고 부르면서 내게 하던 그 눈짓과 가르시아가 머리를 돌리는 틈을 타서 그녀가 인상을 쓰던 모습을 꼭 보아두어야만 했습니다. 화가 나서 나는 그날 밤에 그 여자에게 말도 걸지 않았습니다. 우리 일당은 아침에 짐을 꾸려 길을 떠났습니다. 그런데 열 두어 명 되는 기병대가 우리들을 쫓고 있었습니다. 모두 없애버린다고 큰 소리만 쳐대던 안달루시아의 허풍쟁이들은 허둥대기 시작했습니다. 모두 줄행랑을 놓았습니다. 단카이레, 가르시아, 그리고 레멘다도라 불리는 에시하 태생의 귀여운 청년과 카르멘만 당황하지 않았습니다. 그 나머지 사람들은 노새를 버리고 골짜기 속으로 뛰어들어 가버렸는데, 말에 올라 추적이 불가능한 곳이었습니다. 우리도 노새를 몰고 갈 수 없어서, 가장 값비싼 밀수품들만을 서둘러 골라 어깨에 메고는 아주 가파른 비탈을 내려가 바위 사이로 도주하려고 했습니다. 각자 짐을 앞으로 내던지고 서로 잇따라서 혼신의 힘을 다해 그것을 따라갔습니다. 그 동안에도 적은 우리에게 총을 쏘아대고 있었습니다. 총알이 날아오는 상황은 그때 처음이었지만, 나는 그다지 무서워하지 않았습니다. 여자가 보는 앞에서 죽음을 무서워하지 않는다는 것은 자랑거리가 못됩니다. 가엾게도 허리에 총을 맞은 레멘다도만 제외하고 우리 모두는 도망치는데 성공했습니다. 나는 짐을 버리고 그를 부축하려고 했습니다.

그때 가르시아가 외쳤습니다.

"이 바보야! 송장을 뭐하려고 데려가? 처치해버리고 무명양말이나 잃지 마."

"─그를 그냥 버려요! 버리라니까요!" 하고 카르멘도 외쳤습니다.

나는 피곤해서 잠깐 레멘다도를 바위 밑에 내려놓습니다. 그러자 가르시아가 오더니 그의 얼굴에 대고 총을 쏘는 것이었습니다.

"아주 능숙한 놈도 못 알아볼 거야." 하고 그는 열두 방의 총알로 산산조각이 난 레멘다도의 얼굴을 보면서 말하는 것이었습니다.

선생님, 나는 이런 생활을 하고 있었던 것입니다. 그날 저녁에 우리는 피곤으로 기진맥진하고 먹을 것도 없는데다가 노새마

저 잃어버린 힘든 상태로 어느 수풀 속에 와 있었습니다. 그 악마 같은 가르시아는 과연 무엇을 했을까요? 그는 호주머니에서 카드를 꺼내 단카이레와 피워놓은 불빛에 의지해 노름을 하기 시작했습니다. 그 동안 나는 누워 별을 보고 레멘다도를 생각하면서, 차라리 그의 신세가 더 나았을 것이라고 생각하기도 했습니다. 카르멘은 내 옆에 쭈그리고 앉아서 가끔 조용히 노래를 부르면서 캐스터네츠를 치기도 했습니다. 그러다가는 내게 귓속말이라도 하려는 듯이 가까이 와서는 내 의사와는 관계없이 두세 번 키스를 하는 것이었습니다. 무언가 그녀를 거부하는 것이 나에게 있었습니다.

"너는 악마야."라고 내가 말했더니

"─그럼요."라고 그녀가 대답하는 것이었습니다.

몇 시간 쉬고 나서 카르멘은 가우신으로 떠났습니다. 그 다음 날 아침에 염소 치는 아이가 우리에게 빵을 가져다주었습니다. 우리는 그날 종일 거기에 있다가 밤이 되자 가우신 근처로 갔습니다. 거기서 카르멘으로부터 소식이 오기를 기다리고 있었으나 아무런 소식도 없었습니다. 날이 밝을 무렵에 노새 몰이꾼 한 명이 옷을 잘 입고 양산을 쓴 여자 한 명과 몸종 같아 보이는 계집애를 태우고 오는 것이 보였습니다. 가르시아가 말했습니다.

"성 니콜라님이 우리에게 노새 두 마리와 계집 둘을 보내주신 거야. 노새가 네 마리면 좋겠는데. 하는 수 없지. 저건 내가 맡겠다."

그는 총을 들고 덤불 속으로 몸을 숨기면서 오솔길 쪽으로 내려갔습니다. 단카이레와 나는 조금 거리를 두고 그를 뒤따랐습니다. 사정거리에 들자 우리는 모습을 드러내고 노새 몰이꾼에게 멈춰 서라고 외쳤습니다. 여자는 겁을 먹기는커녕 우리의 꼬락서니를 보고 대려 큰소리로 웃어댔습니다.

"이런! 나를 '에라니'로 보다니 '릴리펜디'이군요!"[70]

그 여자는 카르멘이었습니다. 하지만 너무나 변장을 잘 했기 때문에 다른 말을 사용했다면 알아보지 못했을 겁니다. 그 여자는 노새에서 뛰어 내려 작은 목소리로 단카이레와 가르시아하고 잠시 동안 얘기를 나누더니 나에게 이렇게 말하는 것이었습니다.

"카나리아 양반, 교수대에 매달리기 전에 또 볼 거예요. 나는 이집트 일로 지브롤터에 가는데, 내 소식을 곧 듣게 될 거예요."

며칠 동안 피해 있을 장소를 알려준 후에 그 여자는 우리와 헤어졌습니다. 그 여자는 우리 일당의 보배였습니다. 우리는 얼마 후에 그 여자가 보내준 약간의 돈과 또 아주 중요한 정보를 받았습니다. 모월 모일 이러이러한 길을 지나 두 명의 영국 귀족이 지브롤터에서 그라나다로 간다는 정보였습니다. 머리가 잘 돌아가는 사람은 알아서 하라는 거였습니다. 그 귀족들은 진짜 금화를 많이 소지하고 있었던 것입니다. 가르시아는 그들을 죽이자고 했지만, 단카이레와 나는 반대했습니다. 그래서 결국은 돈과 시계, 그리고 우리가 많이 필요로 했던 셔츠만을 빼앗았습니다.

선생님, 사람이란 생각지도 않게 나쁜 놈이 되어 버리고 맙니

---

70 "나를 '숙녀(erani)'로 여기다니 '바보들(lillipendi)'이군요."

다. 예쁜 여자한테 홀리고, 그녀를 위해 다른 남자와 싸우고, 불상사가 일어나서 산 속에서 살아야만 합니다. 미처 생각해볼 틈도 없이 밀수업자에서 도둑놈으로 전락하게 된 것입니다. 영국 귀족의 습격 사건 이후로 지브롤터 부근에 있는 것이 좋지 않을 것이라 판단하고 우리는 론다 산맥에 처박혀 버렸습니다. ─선생님께서 호세 마리아에 대해 말한 적이 있습니다. 바로 그곳에서 그를 알게 된 것입니다. 그 작자는 일을 하러 갈 때도 정부를 데리고 다니는 놈이었습니다. 그의 정부는 예쁘고 영리하고 얌전했습니다. 결코 상스러운 말을 한 적이 없었습니다. 헌신적이기도 했고요!…… 반대로 그 작자는 그 여자를 불행하게 만들었습니다. 항상 다른 여자들의 꽁무니만 쫓아 다녔습니다. 그 여자를 학대하기도 했고, 때로는 질투를 하기까지 했습니다. 한 번은 칼로 찌른 적도 있습니다. 그런데도 그 여자는 그 작자를 더 좋아하게 되었습니다. 여자란 다 그런가 봅니다. 특히 안달루시아 여자들이 그렇습니다. 그 여자는 팔에 생긴 상처가 자랑스러운 듯이 세상에서 제일 아름다운 것이나 되는 것처럼 그것을 보여주곤 했습니다. 거기에 더해 호세 마리아라는 작자는 가장 저질이었습니다!…… 그와 함께 일을 한 적이 있었습니다. 그런데 일을 어찌나 교묘하게 꾸몄는지 모든 수입은 그 작자의 몫이었고, 우리에게는 그 일에서 받은 타격과 낭패만이 남게 되었습니다. 조금 전의 내 이야기로 되돌아가겠습니다. 그러니까 한동안 카르멘의 소식을 들을 수가 없었습니다. 단카이레는 이렇게 말했습니다.

"소식을 듣기 위해 우리 가운데 한 명이 지브롤터에 갈 필요가 있어. 카르멘은 뭔가를 준비하고 있을 거야. 내가 당장 가도 좋지만 지브롤터에선 내 얼굴이 너무 알려져 있어."

애꾸눈이 응수했습니다.

"나도 그래. 거기서는 모두들 나를 알아봐. 거기서 바닷가재 녀석들[71]에게 몹시 모질게 굴었거든! 또한 애꾸눈이라 변장하기도 어려워."

"―그럼 내가 가야하나?" 하고 카르멘을 다시 만난다는 생각에 신이 나서 이번에는 내가 말했습니다. "그럼, 뭘 해야 하지?"

그 두 사람은 이렇게 말했습니다.

"배를 타거나 육로인 생로크를 거치거나 좋을 대로 해. 최선을 다해 지브롤터에 도착하면 부두에서 롤로나라고 불리는 초콜렛 파는 여자가 어디 사는지 물어봐. 그 여자만 찾으면 거기 상황은 그녀에게서 알아볼 수 있을 거야."

세 사람이서 가우신 산맥으로 갔습니다. 거기서 두 사람은 남고 나만 과일 장수 차림으로 지브롤터에 가게 되었습니다. 론다에서 우리와 같은 패인 사람이 여권을 구해 주었습니다. 가우신에서 나귀 한 마리를 얻어 타고 나는 오렌지와 멜론을 싣고 출발했습니다. 지브롤터에 도착해서 롤로나가 잘 알려진 사람이란 것을 알게 되었습니다. 하지만 그 여자가 죽었거나 아니면 '피니부스 테라

---

71 스페인 사람들은 영국 군인을 그 군복의 빛깔 때문에 그렇게 부른다.

에'[72]에 갔을 것이라고들 했습니다. 내 생각으로는 그 여자가 실종되는 바람에 카르멘과의 연락이 끊긴 것 같아 안심했습니다. 마구간에 노새를 매어놓고 나는 오렌지를 짊어지고 그걸 팔러 다니는 척하면서 시내를 돌아다녔습니다. 아는 사람이라도 있나 보려고 말입니다. 그곳은 세계 여러 나라에서 온 악당들이 모여 있어서 마치 바벨탑과도 같았습니다. 열 걸음 떼는 동안 열 나라의 말을 들을 수 있는 그런 곳이었습니다. 이집트 사람들도 많이 보였습니다. 하지만 그들을 결코 신뢰할 수는 없었습니다. 나도 그들을 떠보고, 그들도 나를 떠보았습니다. 서로 악당들이라고 짐작은 하고 있었습니다. 하지만 정작 중요한 것은 같은 패거리인지를 아는 것이었습니다. 이틀 동안 돌아다녔지만 롤로나 카르멘에 대해 아무것도 알 수가 없었습니다. 그래서 나는 물건이나 사 가지고 패거리가 있는 곳으로 되돌아갈 생각이었습니다. 그런 생각을 하면서 해가 질 무렵에 어느 거리를 지나가고 있을 때 한 집의 창문에서 여자 목소리가 들려 왔습니다. "오렌지 장수!……" 하고 나를 불렀습니다. 고개를 들고 보니 베란다에 카르멘이 서 있었습니다! 붉은 군복을 입고 금빛 견장을 단 고수머리의 대귀족인 영국 장교 한 사람과 나란히 난간에 팔꿈치를 대고 있었습니다. 그 여자도 아주 화려하게 옷을 입고 있었습니다. 어깨에는 숄을 걸치고, 머리에는 금빗을 꽂았으며, 온몸에 비단을 두르고 있었습니다. 그리고 그 여자는 여느 때처럼 허리를 쥐고 웃고 있었습니다. 영국 사

---

72 'finibus terrae' : '감옥' 혹은 '행방불명'의 의미이다.

람은 서툰 스페인 말로 부인이 오렌지가 당긴다고 나더러 올라오라고 했습니다. 카르멘도 바스크 말로 이렇게 말했습니다.

"올라와요. 그 대신 무슨 일이 있더라도 놀라진 마세요."

사실 그 여자가 하는 짓이라면 전혀 놀랄 게 없었습니다. 내가 그 여자를 다시 보게 된 것이 기쁜 일인지 괴로운 일인지 알 수가 없었습니다. 분을 바른 키가 큰 영국인 하인이 문 앞에 있다가 나를 훌륭한 객실로 안내했습니다. 카르멘은 바스크 말로 이렇게 말했습니다.

"당신은 스페인 말을 한 마디도 모르는 거예요. 나를 아는 체해서도 안 돼요."

그리고 영국 사람을 돌아보면서 이렇게 말하는 것이었습니다.

"내 말이 맞죠. 이 사람이 바스크 사람이라는 걸 난 대번에 알았어요. 바스크 말이 얼마나 우스운 말인지 들어보세요. 이 사람 참 바보 같은 얼굴을 하고 있죠. 안 그래요? 고기 저장소에서 들킨 고양이 같지 않아요?"

"그러는 너는 정말 뻔뻔하구나. 네 기둥서방 앞에서 그 낯가죽을 한번 벗겨줄까."

나도 보헤미아 말로 그렇게 말을 해주었습니다. 그러자 그녀는 이렇게 응수했습니다.

"—기둥서방이라! 당신이 혼자 그렇게 추측한 거에요? 이 바보 같은 작자를 질투하는 거예요? 당신은 칸딜레호 거리에서 만났을 때보다 더 바보가 되었군요. 참 어리석네요. 내가 지금 이집트 일을 하고 있다는 걸 모르겠어요? 그것도 아주 멋지게 말이에요. 이 집도 내 거고, 이 바닷가재 녀석의 금화도 내 것이 될 거예요. 코를 끼어 이리저리 끌고 다니고 있는 중이에요. 다시 빠져나오지 못할 곳으로 끌어들일 작정이에요."

"─당신이 이런 식으로 이집트 일을 한다면 두 번 다시 못하게 할 거야."

나도 이렇게 응수했습니다. 그러자 그 여자가 다시 말했다.

"─오, 정말로요? 당신이 내 롬이에요? 나에게 명령을 다 하게. 애꾸눈이 보면 좋다고 하겠네요. 내 일에 참견 말아요. 당신은 내 '민초로'[73]라고 할 수 있는 유일한 사람이라는 것에 만족해야 하지 않나요?"

"뭐라고 하는 거요?"라고 영국 사람이 물었습니다.

"목이 마르니 마실 것을 달라는군요."라고 카르멘이 대답했습니다.

그러고는 자기의 통역에 웃음을 터트리며 긴 의자에 나뒹굴었습니다.

선생님, 그 여자가 웃으면 말을 조리 있게 할 수가 없습니다. 모든 사람이 그 여자와 함께 웃게 되기 때문입니다. 키 큰 영국 사람도 바보처럼 웃기 시작했습니다. 그리고 나한테 마실 것을 갖다 주라고 하인에게 명령했습니다.

내가 목을 축이는 동안 그 여자는 이렇게 말을 했습니다.

---

73 'minchorrô' : '내 애인' 혹은 '내 변덕쟁이'의 의미이다.

"저 사람 손가락에 끼고 있는 반지 보이지요? 원한다면 뺏어 줄게요."

"각자의 손에 마킬라를 들고 저 영국 귀족과 함께 산 속에 있을 수 있다면 내 손가락이라도 하나 주겠다."라고 내가 응수했습니다.

"―마킬라라니, 무슨 뜻이야?" 하고 영국 사람이 물었습니다.

"―그것은 오렌지예요. 참 우스운 말도 다 있지 않아요. 오렌지가 마킬라라니? 당신에게 마킬라를 먹게 하고 싶다는 거예요." 하고 카르멘은 여전히 웃으면서 말했습니다.

"―그래? 그럼 내일도 마킬라를 갖다 주게." 하고 영국 사람이 말했습니다.

우리가 얘기를 나누고 있을 때 하인이 들어와 저녁 식사가 준비되었다고 했습니다. 영국 사람은 일어서더니 나에게 피아스트르 은화 한 닢을 주었습니다. 그리고는 카르멘이 마치 혼자서는 걸을 수 없는 여자인 것처럼 카르멘에게 팔을 내밀었습니다. 카르멘은 여전히 웃으면서 나에게 말했습니다.

"이봐요, 내가 당신을 식사에까지 초대할 수는 없어요. 내일 행진 북소리가 나면 바로 오렌지를 가지고 이리로 와요. 칸딜레호 거리의 방보다도 더 잘 꾸며진 방을 보게 될 것이고, 내가 변함없이 당신의 카르멘시타인지를 알게 될 테니까요. 그리고 이집트 일 이야기도 해야 하고요."

나는 아무 대답도 하지 않았습니다. 거리로 나서는데 영국 사람이 등 뒤에서 이렇게 말했습니다.

"내일 마킬라를 가져다주게!"

그리고는 카르멘의 깔깔거리는 웃음소리를 들을 수 있었습니다.

나는 밖으로 나오긴 했지만 뭘 어떻게 해야 할지를 몰랐습니다. 그날 밤 잠도 거의 자지 못했습니다. 그 배반자에 대해 너무 화가 나서 그 다음날 아침에 나는 그 여자를 다시 만나지 않고 지브롤터를 떠나려고 결심을 하기도 했었습니다. 하지만 첫 북소리를 듣자마자 결심이 사라지고 말았습니다. 오렌지 꾸러미를 안고 나는 카르멘이 머무는 집으로 달려갔습니다. 덧창이 살짝 열려 있었고, 내가 도착하는 것을 보고 있던 그 여자의 커다란 눈이 보였습니다. 분을 바른 하인이 나를 곧장 안내해주었습니다. 카르멘은 하인한테 심부름을 시켰습니다. 우리 둘만 있게 되자마자 그 여자는 웃음을 터뜨리며 내 목을 껴안는 것이었습니다. 그 여자가 그렇게 예쁘게 보인 적은 이제껏 한 번도 없었습니다. 그 여자는 마돈나처럼 단장을 했고 향수를 뿌렸고……. 비단이 둘러진 가구들과 수를 놓은 커튼……. 아!…… 하지만 나는 도둑놈 같은 몰골을 하고 있었습니다.

"민초로! 나는 여기 있는 것을 다 부숴버리고, 이 집에 불을 지르고 산 속으로 도망치고 싶어요!"

카르멘은 이렇게 말했습니다.

그리고는 나에게 애무를 퍼붓고……. 또 웃어대고……. 이리저리 춤을 추고, 치맛자락을 찢었습니다. 원숭이도 그렇게 뛰고 찡그리고 야단법석을 떨 수는 없었을 겁니다. 그러다가 그 여자는 정색을 하고 이렇게 말했습니다.

"잘 들어요. 이집트 일에 대한 거예요. 그 녀석더러 나를 론다까지 데려다 달라고 할 참이에요. 거기엔 수녀가 된 언니가 있어요……. (이 대목에서 또 웃음을 까르르 터뜨렸습니다.) 우리가 통과하게 될 장소를 나중에 알려줄게요. 그러니 그 녀석을 기습해서 다 빼앗으란 말이에요! 아주 없애버리는 게 상책이긴 하지만."

카르멘은 이따금 악마 같은 미소를 띠면서 말을 계속 했습니다. 물론 그 미소는 아무도 흉내 낼 수 없는 그런 것이었습니다.

"뭘 해야 할지 알았어요? 애꾸눈을 앞세워요. 당신은 좀 떨어져 와요. 바닷가재 녀석은 용감하고 솜씨도 제법이에요. 성능 좋은 권총도 가지고 있어요……. 이해가 되요?"

여자는 또 다시 까르르 웃어대면서 말을 중단했습니다. 그 웃음소리에 나는 소름이 끼쳤습니다. 그 여자에게 내가 말했습니다.

"아니. 내가 가르시아를 미워하는 것은 사실이지만, 그래도 우리와 한 패야. 언젠가 내가 그 녀석을 없애버리긴 할 거야. 그렇지만 고향에서 하는 방식으로 해결할 거야. 어쩌다가 이집트 일을 하게 되기는 했지만 나는 속담에서 말하듯이 어떤 점에서는 '순수한 나바라 사람'[74]으로 항상 남을거야."

그녀가 말을 이었습니다.

---

74 원어는 'Navarro fino'이다.

"당신은 바보, 멍청이, 진짜 파일료예요. 침을 멀리까지 뱉는다고 키가 큰 줄 아는 난쟁이 같아요.[75] 당신은 나를 사랑하지도 않죠, 나가세요."

그 여자가 나보고 나가라고 했을 때, 나는 그 자리를 떠날 수가 없었습니다. 패거리들이 있는 곳으로 돌아가 영국 사람을 기다리기로 약속했습니다. 한편 그 여자는 자기 쪽에서는 지브롤터를 떠나 론다로 갈 때까지 아픈 척하겠다고 했습니다. 나는 그후 이틀 동안 지브롤터에 머물렀습니다. 그 여자는 대담하게 변장을 하고 내가 묵고 있는 여관까지 오곤 했습니다. 나는 출발했습니다. 나 역시 나만의 계획을 가지고 있었습니다. 영국 사람과 카르멘이 지나가게 될 장소와 시간과 관련된 정보를 가지고 약속 장소로 되돌아갔습니다. 나를 기다리고 있던 단카이레와 가르시아를 만났습니다. 우리는 숲속에서 활활 타오르는 솔방울 불을 피우고 밤을 보냈습니다. 내가 카드놀이를 하자는 제안을 하자 가르시아가 좋다고 했습니다. 두 번째 판에 그가 속임수를 쓴다고 했더니, 그가 웃기 시작했습니다. 나는 카드를 그의 얼굴에 내던졌습니다. 그가 총을 들려고 할 때 나는 발로 총대를 밟고 말했습니다. "너는 말라가의 젊은 청년처럼 칼솜씨가 제일이라고 소문이 났더군. 나랑 한 번 겨뤄볼래?" 단카이레는 우리 사이를 떼어놓으려고 했습니다. 나는 가르시아를 주먹으로 벌써 두세 대 쳤습니다. 그는 화

---

75 "Or esorjlé de or narsichilé, sin chismar lachinguel." : "난장이의 꿈은 침을 멀리 뱉는 것이다."의 의미를 가진 보헤미아 속담이다.

가 나자 용감해졌습니다. 그는 단도를 뽑아 들었고, 나도 그랬습니다. 우리는 정정당당히 승부를 가릴 수 있게 자리를 비켜달라고 단카이레에게 말했습니다. 말릴 방법이 없다고 판단했는지 그가 물러섰습니다. 가르시아는 마치 쥐에게 덤벼들 준비가 된 고양이처럼 벌써 몸을 앞으로 숙였습니다. 그는 방어하기 위해 왼손에는 모자를 쥐고 단도를 앞으로 내밀었습니다. 그것은 안달루시아식 자세였습니다. 나는 나바라 식 자세를 취했습니다. 그의 앞에 똑바로 서서 왼팔을 들고 왼발은 앞으로 내민 다음, 단도는 오른쪽 허벅지에 댔습니다. 나는 스스로 거인보다 더 강하다고 생각했습니다. 그는 잽싸게 나에게 달려들었습니다. 왼발을 축으로 몸을 피했더니 상대방의 단도가 허공을 찔렀습니다. 그 순간 나는 그의 목을 찔렀습니다. 단도가 아주 깊숙이 박혀 내 손이 그의 턱 밑까지 갔습니다. 단도를 아주 힘껏 비틀자 단도가 부러지고 말았습니다. 그것으로 승부가 끝났던 것입니다. 상처에서 사람 팔뚝만큼 굵은 핏줄기가 솟아나오면서 부러진 단도 도막도 나왔습니다. 그는 말뚝처럼 뻣뻣하게 얼굴을 박고 꺼꾸러지고 말았습니다.

"이게 무슨 짓이야?" 하고 단카이레가 말했습니다.

"—잘 들어. 우리 두 사람은 함께 살 수가 없어. 난 카르멘을 사랑해. 그리고 나 혼자 사랑하고 싶거든. 게다가 가르시아는 악질이야. 저 녀석이 불쌍한 레멘다도를 어떻게 했는지 아직도 똑똑히 기억하고 있어. 우리 두 사람밖에 안 남았지만, 둘 다 좋은 사람이야. 어떤가, 나와 생사를 같이 하는 동료가 돼 주겠나?"

나는 단카이레에게 이렇게 말했습니다.

그러자 그는 손을 내밀었습니다. 그는 나이 오십이 된 남자였습니다.

"사랑 같은 건 집어치워!" 그가 소리쳤습니다. "자네가 카르멘을 달라고 했더라면, 가르시아는 은화 한 푼에 그 여자를 자네에게 팔았을 거야. 어쨌든 우리 두 사람만 남았네. 내일 일은 당장 어떻게 할 건가?"

"—나 혼자 하게끔 내버려둬. 이제는 세상에서 무서울 게 없네."

나는 이렇게 대답했습니다.

우리는 가르시아를 매장하고 약 이백 보 떨어진 곳으로 자리를 옮겼습니다. 그 다음날 카르멘과 그 영국 사람은 마부 두 명과 하인 한 명을 대동하고 그곳을 지나갔습니다. 내가 단카이레에게 말했습니다.

"영국 놈은 내가 맡을게. 자네는 다른 놈들을 위협해. 그놈들은 총을 안 가졌어."

영국 사람은 용감했습니다. 카르멘이 그 작자의 팔을 건들지 않았다면 나는 죽었을 겁니다. 아무튼 그날 나는 카르멘을 다시 차지하게 되었습니다. 그리고 이제 너는 과부가 되었다는 말을 제일 먼저 그 여자에게 했습니다. 사건의 전모를 다 듣고 난 카르멘은 이렇게 말하는 것이었습니다.

"당신은 항상 '릴리펜디'예요. 가르시아가 당신 목숨을 빼앗았어야 해요. 당신이 취한 그 나바라 자세는 순전히 엉터리에요. 그 작자는 당신보다 더 싸움 잘하는 사람들을 수없이 어둠 속으로 보냈어요. 그가 죽었으니 이제 곧 당신 차례가 올 거예요."

"—너도 마찬가지야. 정말로 내 충실한 로미가 되지 않는다면 말이야." 내가 이렇게 대꾸했습니다.

"—때가 오면 죽겠죠. 커피 찌꺼기로 몇 번이나 점을 쳐보았는데, 우리 두 사람은 함께 죽는다는 점괘가 나왔어요. 뭐! 될 대로 되라지!" 하고 그녀가 말했습니다.

그리고 나서 그 여자는 캐스터네츠를 쳤습니다. 이것은 불길한 생각을 떨쳐버리기 위해 그 여자가 늘 했던 행동이었습니다.

사람은 자기에 대한 이야기를 할 때는 자기를 잊어버리는 법입니다. 선생님께서는 이런 상세한 이야기를 지루하게 느끼실 겁니다. 곧 끝내도록 하겠습니다. 우리가 그런 식으로 꾸려가는 생활은 꽤 오래 계속되었습니다. 단카이레와 나는 전보다 더 의리 있는 자들을 몇 명 끌어들여 밀수업을 계속해 나갔습니다. 고백하건데 때로는 노상에서 강도질을 하기도 했습니다. 하지만 그런 짓은 달리 어쩔 수 없는 경우에만 했을 뿐입니다. 더군다나 여행자들을 못살게 굴지는 않았고, 그저 그들에게서 돈만 빼앗는 것으로 그쳤습니다. 몇 달 동안 나는 카르멘에 대해서도 만족했습니다. 그 여자는 여전히 좋은 일거리를 알려주면서 우리의 일을 도왔습니다. 그 여자는 경우에 따라 말라가, 코르도바, 그라나다 등에 묵었습니다. 그래도 내가 한 마디만 전하면 그 여자는 만사를 제쳐놓고 외딴 주막이나 심지어는 야영지까지 나를 보러 왔습니다. 딱 한 번 말라가에서 그 여자 때문에 몹시 걱정을 한 적이 있습니다. 그 여자가 한 부유한 상인에게 눈독을 들이고 있다는 것을 알게 되었습니다. 그 상인에게 그 여자는 아마 지브롤터에서와 같은 장난을 하려고 했던 모양입니다. 단카이레가 온갖 말로 나를 제지하는 것을 뿌리치고 나는 대낮에 말라가로 들어가 카르멘을 찾아서 그 즉시 끌고 왔습니다. 우리는 심한 말다툼을 했습니다.

그 여자는 이렇게 말했습니다.

"알겠어요? 당신이 정말 내 롬이 된 후로 그전 민초로 시절보다 더 싫어졌어요. 난 구속당하는 것은 물론이거니와 특히 명령을 받는 것을 싫어해요. 내가 바라는 건 딱 하나에요. 내가 하고 싶은 것을 자유롭게 하는 거예요. 나를 벼랑으로 떠밀지 말아요. 이렇게 귀찮게 굴면 멋있는 남자를 찾아 당신이 애꾸눈에게 했던 것처럼 해주게 할 거에요."

단카이레가 우리 두 사람을 화해시켰습니다. 하지만 서로에게 상처를 주는 말을 주고받았기 때문에 우리 두 사람은 이미 과거와 같은 사이가 아니었습니다. 또한 얼마 지나지 않아 불행이 닥쳤습니다. 군대가 우리를 습격해 온 것입니다. 단카이레와 두 명의 동료가 살해당했고, 또 다른 두 명은 체포되었습니다. 나는 중상을 입었습니다. 그 날쌘 말이 없었더라면 나는 군인들에게 붙잡히는 몸이 되고 말았을 겁니다. 피로로 기진맥진한데다 총을 맞은 몸으로 나는 겨우 살아남은 동료 한 명과 함께 숲으로 숨었습니다. 말에서 내리면서 나는 그대로 실신했습니다. 총에 맞은 토끼처럼 덤불 속에서 죽어가는구나 하고 생각했습니다. 내 동료는 이미 알고 있던 동굴에다 나를 데려다 놓고 카르멘을 찾으러 갔습니다. 그라나다에 있던 그 여자는 곧바로 달려왔습니다. 이주일 동안 한시도 내 곁을 떠나지 않았습니다. 눈도 붙이지 않았습니다. 사랑하는 남자를 위해 그 어떤 여자도 할 수 없을 정도의 솜씨와 정성으로 나를 간호해주었습니다. 내가 겨우 일어설 수 있게 되자 그 여자는 비밀리에 나를 그라나다로 데려갔습니다. 보헤미아 여자들은 어디서나 안전한 피신처를 찾아내곤 한답니다. 나를 체포하려던 시장 집에서 조금 떨어진 집에서 나는 6주 이상을 지냈습니다. 덧창 뒤에서 시장이 지나가는 것을 여러 번 보기도 했습니다. 마침내 나는 건강을 회복했습니다. 하지만 병석에서 많은 생각을 한 끝에 생활을 바꿔야겠다고 결심을 했습니다. 나는 카르멘에게 스페인을 떠나 신세계로 가서 정직하게 살자고 말했습니다. 그러자 그 여자는 비웃으며 이렇게 말하는 것이었습니다.

"양배추나 재배하라고 우리가 태어난 게 아니에요. 우리의 운명은 '파일료'의 등을 쳐 먹고 사는 거예요. 이봐요, 내가 지브롤터에 있는 유대인 나단 벤 죠세프와 일을 하나 꾸몄어요. 지금 상당량의 솜을 갖고 있는데 그것을 넘겨주려고 당신만을 기다리고 있어요. 그 유대인은 지금 당신이 살아 있다는 것을 알고 있고, 또 당신만을 신뢰할 뿐이에요. 당신이 약속을 어기면 지브롤터의 거래꾼들이 뭐라고 하겠어요?"

이렇게 해서 나는 다시 그 여자의 손에 이끌려 더러운 장사를 계속하게 되었습니다.

내가 그라나다에 숨어 있는 동안 투우가 있었던 모양입니다. 거기에 갔다 오더니 카르멘은 루카스라는 이름을 가진 아주 유능한 투우사에 대한 이야기를 열심히 찌껄여 댔습니다. 그 여자는 그의 말 이름은 물론이고, 그가 입었던 수놓은 윗도리의 가격이 얼마라는 것까지 알고 있었습니다. 나는 그 이야기에 별로 주의하지 않았습니다. 그런데 남아 있던 후아니토라는 동료가 며칠 후에 카르멘이 루카스와 함께 사카틴의 한 상점에 있는 것을 보았다고 일러주었습니다. 나는 경계하기 시작했습니다. 나는 카르멘에게 어떻게, 무슨 일로 그 투우사와 알게 되었냐고 물어보았습니다.

"알아두면 좋은 사람이에요." 그녀는 이렇게 말했습니다. "소리가 나는 개천에는 물이나 조약돌이 있는 법이에요.[76] 그 사람은 투우에서 천이백 레알을 벌었대요. 그러니 둘 중의 하나예요. 그 돈을 빼앗든지, 아니면 말도 잘 타고 배짱도 있는 그 사내를 우리 일당에 끌어들이든지 해야죠. 동료 몇 사람이 죽어버렸으니 그들을 대신할 사람을 보충해야죠. 그 작자를 우리 패에 넣어줘요."

"—안 돼. 난 그 녀석의 돈도 싫고 그 녀석 자체도 싫어. 그 녀석과 말하는 거 금지야." 하고 내가 말을 했습니다.

"—당신이나 조심해요. 나한테 뭘 하지 말라고 하면 난 그걸 반드시 하고 마니까!" 하고 그녀가 응수했습니다.

---

76 "Len sos sonsi abela. Pani o reblendani terela." : 보헤미아 속담이다.

다행히 그 투우사는 말라가로 떠났고, 나는 그 유대인의 솜을 인수하는 일을 시작했습니다. 나는 그 일로 몹시 바빠서 그 루카스란 작자를 잊고 있었습니다. 카르멘 역시 바빠서 적어도 그때만은 그를 잊고 있었을 겁니다. 선생님, 선생님을 만난 것이 처음엔 몬틸리야 근처에서, 그 다음엔 코르도바에서 정확히 그 무렵이었습니다. 두 번째 만남에 대해서는 말씀을 드리지 않겠습니다. 나보다도 선생님께서 더 잘 알고 계실 겁니다. 카르멘이 선생님의 시계를 훔쳤던 것입니다. 그 여자는 또 선생님의 돈, 그리고 특히 그 손가락에 끼어 있던 반지를 몹시 탐냈습니다. 그 여자의 말에 의하면 그것이 마술 반지여서 그것을 손에 넣는 것이 아주 중요한 일이라는 것이었습니다. 우리는 심한 말다툼을 했고, 나는 그 여자를 때리고 말았습니다. 그 여자는 새파랗게 질려 울기 시작했습니다. 그 여자가 우는 것을 본 것은 그때가 처음이었는데, 끔찍한 인상을 받았습니다. 그 여자에게 용서를 구하기도 했습니다. 그러나 그 여자는 하루 종일 뾰로통해 있었으며, 내가 다시 몬틸리야로 떠날 때도 키스를 해줄 생각도 하지 않았습니다. 나는 울적한 나날을 보냈습니다. 그러나 그 여자는 사흘 후에 방울새처럼 즐겁게 웃는 얼굴로 나를 보러 왔습니다. 우리는 만사를 잊고 신혼부부 같은 모습으로 즐겼습니다. 헤어질 때 그 여자는 나에게 이렇게 말했습니다.

"코르도바에서 축제가 열리니 갔다 올게요. 그리고 돈을 가지고 있는 녀석들이 있으면 당신에게 알려줄게요."

나는 그녀를 떠나게 내버려두었습니다. 혼자 있게 되자 나는 그 축제와 느닷없이 변한 카르멘의 기분을 짐작해보려고 했습니다. 나는 속으로 이렇게 생각했습니다. 그 여자가 먼저 싸움을 걸었으니 스스로를 벌한 것이라고 말입니다. 한 농부가 코르도바에서 투우가 있다는 것을 알려주었습니다. 갑자기 내 피가 끓기 시작했고, 나는 미친 사람처럼 투우장으로 달려갔습니다. 사람들이 루카스가 어디 있는지를 가르쳐 주었습니다. 울타리에 기대어 놓은 의자 위에 앉아 있는 카르멘도 발견했습니다. 잠깐 카르멘을 보는 것만으로도 내 짐작이 확실하다는 것을 알 수 있었습니다. 루카스는 첫 번째 소가 나타나자 예상했던 대로 행동했습니다. 그가 그 소의 '리본'[77]을 잘라 카르멘에게 갖다 주자 그녀는 그것을 받아 당장 머리에 꽂는 것이었습니다. 그런데 소가 내 원수를 갚아 주었습니다. 루카스는 말과 함께 넘어져서 말 아래 깔렸고, 소가 그 위로 올라탔던 것입니다. 카르멘을 보았더니 그녀는 벌써 자리를 뜨고 없었습니다. 나는 빨리 밖으로 나올 수가 없어서 투우가 끝날 때까지 기다릴 수밖에 없었습니다. 그리고 선생님도 아시는 그 집으로 가서 밤중까지 처박혀 있었습니다. 새벽 두 시쯤 돌아온 카르멘은 나를 보자 약간 놀라는 기색이었습니다.

"나랑 같이 가자." 내가 말했습니다.

77　원어는 'divisa'로, 매듭이 있는 리본인데, 그 빛깔로 소의 출신 목장을 표시한다. 이 매듭진 리본은 조그만 고리로 황소의 등가죽에 붙어 있다. 살아 있는 소에게서 그것을 떼어내어 여자에게 갖다 바치는 것은 그 여자에게 최고의 경의를 표시하는 태도이다.

"—좋아요! 갑시다!" 하고 그 여자가 응수했습니다.

나는 말을 끌어다가 그 여자를 뒤에 태우고 밤새도록 말 한 마디 없이 갔습니다. 날이 밝을 때쯤 조그만 암자에서 멀지 않은 외딴 여인숙에 멈춰 섰습니다. 나는 거기서 카르멘에게 말했습니다.

"이봐, 난 과거를 잊겠어. 너에게 아무 말도 안 할 거야. 하지만 한 가지만 맹세해줘. 나를 따라 미국으로 가 거기서 조용히 살겠다고 말이야."

"—못해요. 난 미국으로 가기 싫어요. 난 여기가 좋아요." 하고 그 여자는 토라진 어조로 말했습니다.

"—그건 루카스가 가까이에 있으니까 그럴 테지. 그러나 잘 생각해 봐. 그 작자가 회복되더라도 오래 가진 못할 거야. 그 녀석을 탓할 이유가 없지? 난 네 모든 애인들을 죽이는 것에도 싫증이 났어. 이번엔 너를 죽일 참이야."

그 여자는 매서운 시선으로 나를 뚫어지게 보더니 이렇게 말했습니다.

"나는 언제나 당신이 나를 죽일 거라고 생각했어요. 당신을 처음 본 바로 그날 난 집 앞에서 신부(神父) 한 명을 만났어요. 간밤에 코르도바를 떠나올 때 당신은 아무 것도 못 봤어요? 산토끼 한 마리가 당신이 탄 말의 다리 사이로 빠져나가 길을 건너가더군요. 정해진 운명이에요."

"카르멘시타, 나를 더는 사랑하지 않는 거야?" 하고 나는 그녀에게 물었습니다.

그녀는 아무런 대답도 안했습니다. 그녀는 책상다리를 하고 돗자리에 앉아 손가락으로 땅에다 뭔가를 쓰고 있었습니다.

나는 애원하면서 말했습니다.

"새로운 삶을 시작하자, 카르멘. 다시는 헤어지지 않을 그런 곳으로 가서 함께 살자. 여기서 멀지 않은 떡갈나무 밑에 파묻어둔 백이십 온스의 돈이 있다는 걸 너도 알지……. 또한 유태인 벤 조세프에게 맡겨둔 밑천도 있잖아."

그 여자는 웃기 시작하더니 나에게 말했습니다.

"내가 먼저고, 당신은 그 다음이에요. 이렇게 될 줄 이미 알고 있었어요."

나는 다시 말을 이었습니다.

"잘 생각해봐. 난 이제 더 이상 참을 수도 없고 용기도 없어. 결정을 내려. 그렇지 않으면 내가 결정을 할 테니."

나는 그녀의 곁을 떠나 암자 쪽으로 산책을 나갔습니다. 기도를 드리고 있는 수도사를 보았습니다. 그의 기도가 끝나기를 기다렸습니다. 나도 기도를 하고 싶었지만 그럴 수가 없었습니다. 그가 일어나자 나는 그에게로 가서 이렇게 말했습니다.

"신부님, 커다란 위험에 처해 있는 사람을 위해 기도를 해주시겠습니까?"

"—나는 고통 받는 모든 자들을 위해 기도합니다." 하고 수도사가 말했습니다.

"—곧 하느님 앞으로 갈지도 모를 한 영혼을 위해 미사를 올려주시겠습니까?"

"—예, 그렇게 하지요." 하고 그는 나를 뚫어지게 보면서 대답했습니다.

그리고는 나의 태도에 뭔가 이상한 것이 있다고 느낀 그는 나에게 말을 시키려고 했습니다.

"전에 당신을 본 적이 있는 것 같습니다만." 하고 그가 말했습니다.

나는 피아스트르 은화 한 닢을 그의 걸상 위에 놓았습니다.

"언제 미사를 올려주시겠습니까?" 하고 내가 물었습니다.

"—삼 십분 후에 올리도록 하죠. 저 아래 있는 여인숙 집 아들이 와서 시중을 들 겁니다. 그런데 젊은 양반, 양심에 꺼리는 무슨 고민거리가 있지 않나요? 한 기독교 신자의 충고를 들어보지 않겠소?"

나는 곧 눈물이 쏟아질 것 같았습니다. 다시 오겠다고 말하고 그곳에서 빠져나왔습니다. 풀밭으로 가서 종소리가 들려올 때까지 누워 있었습니다. 얼마 후에 다시 예배당으로 갔으나 들어가지는 않고 밖에 있었습니다. 미사가 끝나자 나는 여인숙으로 되돌아 갔습니다. 카르멘이 도망쳤으면 하고 희망했던 겁니다. 내 말을 타고 도망칠 수가 있었을 겁니다……. 하지만 그 여자를 다시 볼 수 있었습니다. 그 여자는 나한테 겁을 먹었다는 소리를 듣기 싫었던 것입니다. 내가 자리를 비운 동안 그 여자는 옷단을 뜯고 그 속에서 납을 꺼냈던 모양입니다. 지금은 탁자 앞에 앉아 물을 가득 부은 그릇 속에 납을 녹여 넣는 것을 보고 있었습니다. 자기 마법에 너무 몰두해서 그 여자는 내가 돌아온 것도 알지 못했습니다. 때로는 납 조각을 집어 들고 슬픈 얼굴로 이리저리 뒤집어 보기도 했고, 또 때로는 마법의 노래를 부르기도 했습니다. 그 노래를 부르면서 돈 페드로의 정부였던 마리 파디야를 불러내는 것이었습니다. 전설에 의하면 마리 파디야는 바리 크랄리사, 즉 보헤미아 사람들의 위대한 여왕[78]이었다고 합니다.

"—카르멘, 나하고 같이 가겠지?" 하고 내가 말했습니다.

그 여자는 일어서더니, 자기가 쓰던 나무 공기를 던져버리고는 떠날 준비가 된 듯 머리 수건을 둘렀습니다. 말을 끌어왔고, 나는 그 여자를 뒤에 태우고 거기를 떠났습니다.

"자! 나의 카르멘, 정말 나를 따라 같이 갈 준비가 된거지, 그렇지?" 하고 어느 정도 길을 간 후에 그녀에게 물었습니다.

"예, 죽을 때까지 당신을 따라가려고 했어요. 하지만 이제는 당신하고 더는 같이 살고 싶지는 않아요."

우리는 인적이 드문 산골짜기에 이르렀습니다. 나는 말을 멈춰 세웠습니다.

"여기예요?" 하고 그 여자가 물었습니다.

---

78 마리 파디야(Marie Padilla)는 돈 페드로 왕에게 마술을 걸었다는 비난을 받았다. 민간의 전설에 의하면 그 여자는 블랑슈 드 브르봉 왕비에게 금 허리띠를 선사했는데, 그것이 마술에 걸린 왕의 눈에는 살아 있는 뱀으로 보였다. 그 때문에 왕은 그 불쌍한 왕비를 싫어하게 되었다고 한다.

그리고 그 여자는 말에서 뛰어내렸습니다. 머리 수건을 벗어 자기 발밑에 던지고 그 여자는 한쪽 허리에 주먹을 짚고 가만히 서서 나를 뚫어지게 보는 것이었습니다.

"나를 죽이려고 그러죠. 알고 있어요. 그런 운명이에요. 하지만 나를 굴복시키지는 못할 거예요." 하고 그녀가 말했습니다.

"제발, 정신 차려. 잘 들어! 과거는 모두 잊을 거야. 하지만 너도 알다시피 네가 나를 망쳤어. 내가 도적이 되고 살인자가 된 것은 모두 너 때문이었어. 카르멘! 나의 카르멘! 내가 너를 구하게 해, 그리고 너와 함께 나를 구하게 해다오." 하고 나는 그녀에게 애원했습니다.

"—호세, 당신은 불가능한 일을 부탁하고 있어요. 나는 당신을 더 이상 사랑하지 않아요. 그런데 당신은 아직도 나를 사랑하고 있군요. 그래서 당신은 나를 죽이려고 하는 거예요. 나는 아직도 거짓말을 할 수는 있지만 그러긴 싫어요. 우리 사이는 이제 끝난 거예요. 당신은 내 롬이니 당신의 로미를 죽일 권리를 가지고 있어요. 하지만 카르멘은 언제나 자유로울 거예요. 카르멘은 칼리로 태어나서 칼리로 죽을 거예요." 하고 그녀가 대답했습니다.

"—그러면 루카스를 사랑하는 거야?" 하고 나는 그녀에게 물었습니다.

"—한동안은 그랬지요. 당신을 사랑하듯이 말이에요. 어쩌면 당신보다는 덜 사랑했겠지만. 아무튼 지금 난 그 누구도 사랑하지 않아요. 그리고 당신을 사랑했던 내 자신이 원망스러워요."

나는 그 여자의 발밑에 쓰러져 두 손을 잡고 내 눈물로 그 손을 적셨습니다. 우리가 함께 보냈던 행복했던 순간들을 그 여자에게 회상시켜 주었습니다. 그 여자의 마음에 들기 위해 나는 산적으로 남겠다고 했습니다. 모든 것, 그렇습니다, 선생님, 모든 것입니다. 나는 모든 것을 그 여자에게 주고자 했습니다. 다시 한 번 그 여자의 사랑을 받기 위해서라면 말입니다!

하지만 그 여자는 이렇게 말을 하는 것이었습니다.

"당신을 다시 사랑하라고요? 이젠 불가능해요. 당신하고 사는 것도 원하지 않아요."

나는 분노에 휩싸였습니다. 단도를 뽑아 들었습니다. 그 여자가 겁에 질려 나한테 용서를 빌었으면 하고 바랐습니다. 하지만 그 여자는 악마였습니다.

"마지막 부탁이야. 나하고 함께 살자!" 하고 나는 외쳤습니다.

"—싫어! 싫어! 싫어요!" 하고 그 여자는 발을 동동 구르면서 외쳤습니다.

그리고 그 여자는 내가 주었던 반지를 손가락에서 빼서 덤불 속으로 던져버렸습니다.

나는 그녀를 두 번 찔렀습니다. 애꾸눈의 단도로 말입니다. 내 단도는 부러졌기 때문에 그의 것을 가지고 있었던 것입니다. 두 번째 찌르자 그 여자는 소리도 지르지 못하고 쓰러졌습니다. 나를 뚫어지게 보던 그 커다란 검은 눈이 아직도 눈에 선합니다. 그러다가 그 눈은 흐려지더니 감기고 말았습니다. 나는 시체를 앞에

두고 한 시간이나 멍하니 있었습니다. 그러다가 카르멘이 숲 속에 묻혔으면 좋겠다던 말이 생각났습니다. 나는 단도로 구덩이를 파고 거기에 시체를 내려놓았습니다. 그 여자의 반지를 여기저기 한참 찾았고, 결국 발견했습니다. 작은 십자가와 함께 그 반지를 구덩이 속에 있는 그 여자 곁에 놓아주었습니다. 아마 내가 잘못한 짓인지도 모릅니다. 그리고 나서 나는 말을 타고 코르도바까지 달려가 맨 처음 만난 경비대에 자수를 했습니다. 카르멘을 죽였다고는 말했지만, 그 여자의 시체가 어디 있는지는 말하고 싶지 않았습니다. 그 수도사는 거룩한 분이었습니다. 그분은 그 여자를 위해 기도를 해주었습니다! 그 여자의 영혼을 위해 미사를 올려주었습니다……. 불쌍한 여자였지요! 그 여자를 그렇게 길러놓은 것은 보헤미아 사람들의 잘못이었던 것입니다.

제 IV 장[79]

유럽 전역에 흩어져 있는 유랑민들은 '보헤미안', '지타노', '집시', '지고이네르' 등의 이름으로 아직도 알려져 있으며, 스페인은 오늘날 그들이 여전히 많이 살고 있는 나라들 가운데 하나다. 그들 대부분은 남부와 동부 지방, 즉 안달루시아, 에스트라마두라, 무르시아 왕국 등에 살고 있다. 아니 살고 있다기 보다는 오히려 방랑 생활을 하고 있다고 하는 편이 좋을 것이다. 카탈로냐에도 상당수가 있다. 카탈로냐에 사는 무리들은 종종 프랑스로 넘어가기도 한다. 프랑스 남부 지방의 모든 시장에서 그들을 만날 수 있다. 보통의 경우 남자들은 말 장수, 수의사, 노새 털깎기 등의 직업을 가지고 있다. 또한 냄비나 금관 악기의 땜질도 하며, 밀수입과 그 밖의 온갖 불법을 저지르기도 한다. 여자들은 점을 치거나, 구걸을 하거나, 유해무해한 각종 약을 팔기도 한다.

---

[79] 이 IV장은 처음에 이 소설이 1845년 10월 《르뷔 데 되 몽드(Revue des deux mondes)》에 발표되었을 때는 없었다. IV장이 첨가된 것은 1847년에 처음으로 단행본이 발간되었을 때부터이다.(역주)

보헤미아 사람들의 신체적 특징을 묘사하기보다는 식별하기가 더 용이하다. 한 사람만 알게 되면 천 명 중에 섞여 있더라도 그 종족에 속한 사람을 알아볼 수 있다. 용모와 표정, 특히 이 두 요소는 같은 나라에 사는 다른 종족과 뚜렷이 구별된다. 얼굴빛은 아주 거무튀튀해서, 같이 살고 있는 다른 종족보다 훨씬 더 검은 것이 다반사다. 흔히 그들이 스스로를 지칭하는 '칼레'[80], 즉 '검둥이'라는 말이 거기서 유래한 것이다. 그들의 눈은 두드러지게 치켜 올라갔고, 눈초리가 째지고 아주 검으며, 길고 짙은 속눈썹으로 덮여 있다. 그들의 눈매는 야수의 눈매와 비교할 수밖에 없을 것이다. 그들의 눈에는 대담함과 소심함이 동시에 드러나 있다. 그런 면에서 그들의 눈은 그들의 민족성을 잘 보여준다. 그들은 꾀가 많고 대담하면서도, 파뉘르즈[81]처럼 '선천적으로 공격'을 두려워한다. 대체로 남자들은 체구가 근육질이고 늘씬하고 민첩하다. 뚱뚱한 남자는 한 명도 본 적이 없는 것 같다. 독일에는 아름다운 보헤미아 여자들이 많은 반면, 스페인의 지타노 가운데는 미인이 아주 드물다. 젊어서는 보헤미아 여자도 그냥 봐줄만 하다. 하지만 아이를 낳고 나면 꼴불견이 된다. 또한 보헤미아 사람들은 남녀를 불문하고 믿을 수 없을 정도로 더럽다. 보헤미아 중년 부

---

80 독일에 있는 보헤미아 사람들은 '칼레'라는 말의 뜻을 완전히 이해하고 있음에도 불구하고 그렇게 불리는 것을 좋아하지 않는 것 같다. 그들끼리는 '로마네 차베(Romané tchavé)'라고 서로 부르고 있다.

81 16세기 프랑스 작가 프랑스와 라블레의 《팡타그뤼엘》에 나오는 인물로, 겁쟁이이면서 난폭한 장난을 좋아하는 유쾌한 성격의 소유자다.(역주)

인의 머리털을 보지 못한 사람은 그 더러움을 짐작할 수 없을 것이다. 아주 빳빳하고, 아주 기름기가 많고, 아주 먼지투성이인 말총을 상상해본다고 해도 그렇다. 안달루시아 지방의 몇몇 큰 도시에서는 남보다 조금 더 예쁜 집시 처녀들은 몸치장에 더 많은 신경을 쓴다. 그런 처녀들은 돈을 벌기 위해 춤을 추게 된다. 그 춤은 프랑스 사육제의 공중 무도회에서 금지되어 있는 춤과 비슷하다. 스페인의 보헤미아 사람들을 다룬 아주 흥미로운 책 두 권의 저자이자 또 성서협회를 대신해서 그들을 개종시키려고 했던 영국 선교사 보로 씨는 여태껏 지타노가 자기 동족 이외의 남자에게 몸을 허락한 예는 결코 없다고 주장하고 있다. 그가 그들의 정조에 대해 바치고 있는 찬사는 과장이 심한 것으로 보인다. 우선 그 찬사는 대부분의 경우 오비드가 말하는 이른바 추녀들에게, 즉 '아무도 구애하지 않은 정숙한 여자'[82]들에게 해당되는 것이다. 예쁜 보헤미아 여자들로 말하자면 모든 스페인 여자들처럼 그녀들도 까다롭게 애인을 선택한다. 그녀들의 마음에 들어야 하고, 모든 것이 그녀들과 잘 맞아 떨어져야 한다. 보로 씨는 그녀들의 덕성을 보여주는 증거로서 자기 자신의 장점, 특히 그 자신의 순수함을 지적하고 있다. 그의 주장에 의하면, 자기가 알고 있는 한 난봉꾼이 한 예쁜 지타노에게 여러 온스의 금화를 내놓았지만 아무런 소용이 없었다는 것이다. 안달루시아 사람에게 이 이야기를 했

---

82 'Casta quam nemo rogavit': 유명한 로마 시인 오비디우스의《사랑의 노래》제1권 제8장에 있는 글귀이다.(역주)

더니 그 사람은 이렇게 주장했다. 만약 그 부도덕한 남자가 피아스트르 은화를 두세 닢 정도만 보여주었다면 좀 더 일이 잘 풀렸을 것이라고 말이다. 보헤미아 여자에게 금화를 몇 닢 준다는 것은 여관집 여자에게 많은 돈을 주겠다고 약속하는 것처럼 서툰 방법이라는 것이다. ―어쨌든 지타노가 자기 남편에게 아주 충실하다는 것만은 확실하다. 필요한 경우 남편을 구하기 위해 그녀들이 무릅쓰지 못할 위험이나 고난은 없다고 할 수 있다. 보헤미아 사람들이 자기들을 부르는 이름 가운데 하나로 '로메', 즉 '부부'라는 말이 있다. 이것은 그 종족이 결혼 상태를 존중한다는 것을 증명해주는 것으로 보인다. 일반적으로 보헤미아 사람들의 일차적인 덕성은 애국심이라고 할 수 있다. 그들이 같은 혈통을 가진 사람들과의 관계에서 보여주는 충실성, 열렬한 상호부조, 위험한 일에서도 반드시 지키는 비밀 등과 같은 것을 애국심이라고 부를 수가 있다면 말이다. 물론 법률의 보호를 벗어난 모든 비밀 단체의 사람들의 경우에는 누구나 이와 비슷한 것을 지키게 마련이기는 하다.

나는 몇 달 전에 보즈 지방에 정착한 보헤미아 사람들의 마을을 방문한 적이 있었다. 이 마을의 가장 연장자인 한 노파의 오막살이에 가족이 아닌 한 보헤미아 남자가 죽을병에 걸려 있었다. 그 남자는 병원에서 간호를 잘 받다가 동포들 가운데서 죽으려고 퇴원해 그곳에 머물고 있었던 것이다. 십삼 주일 전부터 그 집에 누워 있었는데, 같은 집에 사는 그 노파의 아들이나 사위보다도 더 융숭한 대접을 받고 있었다. 그 사람은 짚과 이끼를 채운 제법 훌륭한 침대와 꽤 하얀 시트를 차지하고 있었던 반면, 열한 명이나 되는 다른 식구들은 석자 길이의 널빤지 위에서 잠을 잤다. 이것이 그들의 호의를 베푸는 방식이다. 손님에게 그렇게 인정을 베풀고 있는 그 노파는 병자 앞에서 나에게 이렇게 말하는 것이었다. "멀지 않아, 곧, 이 사람은 죽게 될 겁니다."[83] 요컨대 그들의 삶은 이처럼 비참해서 죽음의 예고도 그들에겐 전혀 무서운 것이 아니었다.

보헤미아 사람들의 주목할 만한 특징은 종교에 대한 무관심이라고 할 수 있다. 그들이 심지가 굳거나 회의주의자여서 그런 것은 아니다. 그들은 결코 무신론을 천명하지 않는다. 그러기는커녕 그들이 지금 살고 있는 나라의 종교가 곧 똑같이 그들의 종교이며, 거주하는 나라가 바뀔 때마다 종교도 바뀌는 것이다. 미개인들의 종교적인 감정을 대신해주는 미신에서도 그들은 자유롭다. 사실 다른 사람들의 믿음에 기대어 살아가는 그들에게 어떻게 미신이 없다고 할 수 있을까? 그렇지만 나는 스페인의 보헤미아 사람들이 시체를 만지는 것을 지독히 꺼리는 것을 본 적이 있다. 심지어 돈을 받더라도 죽은 사람을 묘지로 운반하는 것을 받아들이는 사람은 거의 없었다.

보헤미아 여자들이 대부분의 경우 점을 친다는 것을 말한 바 있다. 그녀들은 그 일을 그럴듯하게 잘 해낸다. 하지만 그녀들에게

---

83 원문은 "Singo, singo, homte hi mulo."이다.(역주)

큰 이득의 근원이 되는 것은 사랑의 부적과 미약의 판매에서이다. 그녀들은 들뜬 마음을 진정시키기 위해 두꺼비 다리라든가 아니면 무정한 사람들이 서로 사랑하게끔 하기 위해 자석 가루를 제공하거나, 그뿐만 아니라 필요한 경우에는 악마가 돕지 않을 수 없게 하는 강력한 마법을 행하기도 한다. 작년에 한 스페인 부인이 이런 이야기를 해준 적이 있다. 어느 날 그 부인이 걱정되고 슬픈 표정을 하고 알칼라 거리를 지나가는데, 보도 위에 웅크리고 앉아 있던 한 보헤미아 여자가 그 부인에게 이렇게 소리쳤다는 것이다. "마님, 정부에게 배반당하셨군요." 사실이 그랬다. "제가 그 분을 돌아오게 해 드릴까요?" 독자여! 이 제안이 얼마나 기쁘게 받아들여졌겠는가, 그리고 딱 한 번 보고서 가슴속의 비밀을 알아맞힌 사람이 불러일으킨 신뢰감이 어떠했으리라는 것은 충분히 짐작이 되고도 남는다. 마드리드의 가장 붐비는 거리에서 마법을 행하는 것은 불가능했기 때문에, 그 두 사람은 그 다음날 만나기로 했다. "그 충실하지 못한 남자를 마님 발밑으로 다시 끌어 오는 것처럼 쉬운 일은 없습니다." 하고 그 지타노가 말했다. "그 남자가 마님께 준 손수건이나 숄이나 머리 수건을 가지고 계시나요?" 부인은 그 여자에게 비단 숄을 주었다. 이젠 진홍빛 명주실로 이 숄의 한 귀퉁이에 피아스트르 은화 한 닢을 꿰매세요. —또한 귀퉁이엔 반 피아스트르 은화를, 여기엔 1 페세타를, 저기엔 2레알 동전을 한 닢씩 꿰매세요. 그리고 복판에는 금화를 한 닢 꿰매셔야 합니다. 두블롱 금화면 더욱 좋습니다." 그렇게 해서 두블

롱 금화는 물론이거니와 나머지 모든 것을 꿰맸다. "자, 이제 그 숄을 주십시오. 오늘 밤 자정에 그것을 캄포 산토로 가져가겠습니다. 재미있는 마술을 구경하고 싶으시면 같이 가셔도 좋습니다. 틀림없이 내일 그 사랑하는 분을 다시 만나시게 될 것입니다." 그 보헤미아 여자는 혼자 캄포 산토로 갔다. 왜냐하면 검은 마술이 너무 무서워 그 여자를 따라갈 수 없었기 때문이다. 이 버림받은 불쌍한 부인이 자기의 숄 혹은 그 충실하지 못한 남자를 다시 만났는지에 대해서는 독자 여러분의 상상에 맡기겠다.

어쨌든 그들의 곤궁과 그들이 야기하는 혐오감에도 불구하고, 보헤미아 사람들은 교양 없는 민중들 사이에선 어느 정도 존경을 받고 있고, 또한 그들은 그것에 대해 아주 자랑스러워한다. 그들은 자신들을 지능이 뛰어난 종족으로 여기고 있으며, 자기들을 환대해 주는 사람들을 은근히 낮추어보기도 한다. ─보즈 지방의 한 보헤미아 여자가 나에게 이런 말을 한 적이 있다. "이방인들은 아주 멍청하기 때문에 그들을 속이는 것은 자랑거리도 못됩니다. 요전 날은 한 시골 여자가 길거리에서 나를 부르기에 그 집으로 들어갔습니다. 난로에 연기가 나고 있었는데, 그 여자는 나에게 연기가 잘 빠져나갈 수 있게 하는 주문을 요청했습니다. 해서 나는 우선 비계 한 덩어리를 내놓게 했습니다. 그리고는 로마니아 어로 몇 마디 중얼거렸습니다. '너는 바보야, 바보로 태어나서 바보로 죽을 것이다…….' 문에 가까이에 이르자 나는 능숙한 독일어로 그녀에게 이렇게 말해주었습니다. '난로에 연기 안 나게 하는 확실한 방

법은 불을 안 때는 거야.' 그리고는 얼른 도망쳤습니다."

보헤미아 사람들의 역사는 아직도 문젯거리이다. 적은 수였지만 그들의 최초 집단들이 15세기 초에 유럽 동쪽에 나타난 것은 확실하다. 하지만 그들이 어디서 왔으며, 왜 유럽에 왔는지는 설명이 불가능하다. 그리고 더 기이한 것은 어떻게 그들이 짧은 기간 동안에 그렇게 빨리 서로 많이 떨어져 있는 여러 지방에 퍼지게 되었는지 알 수 없다는 점이다. 보헤미아 사람들도 자기들의 기원에 대한 아무런 구비전승도 가지고 있지 않다. 그들 대부분이 이집트를 조국인 것처럼 말하는 것은, 그들이 아득한 옛날부터 퍼졌던 이야기를 자신들의 설화로 채택했기 때문이다.

보헤미아 사람들의 언어를 연구한 대부분의 동양학자들은 그들의 기원을 인도로 보고 있다. 실제로 로마니아 어의 많은 어근과 문법 형태는 산스크리트 어에서 파생된 단어들에서도 나타나고 있다. 보헤미아 사람들이 오랜 방랑 생활을 하면서 많은 외국어 어휘를 채택했다고도 볼 수 있기는 하다. 로마니아 어의 모든 방언에서 많은 그리스어 어휘를 만날 수 있다. 예컨대 'cocal'(뼈)은 'χόχχαλον'에서, 'pétalli'(편자)는 'ηεταλον'에서, 'eafi'(못)는 'χαρφι'에서 유래한 것이다. 오늘날 보헤미아 사람들은 그들의 종족과 분리된 유목민 무리의 수와 같은 수의 여러 다른 사투리를 가지고 있다. 그들은 어디를 가나 자기들이 살게 된 나라의 언어를 자기들의 고유 언어보다 더 쉽게 말한다. 왜냐하면 자기들의 고유 언어는 외국인들 앞에서 자유롭게 소통할 목적으로만 사용할

뿐이다. 독일에 살고 있는 보헤미아 사람들의 사투리와 여러 세기 전부터 연락이 끊어져 스페인에 살고 있는 종족의 사투리를 비교해 보면 상당수의 공통된 어휘를 볼 수 있다. 그러나 그 고유 언어는, 정도의 차이는 있지만, 그들 유목민이 어쩔 수 없이 사용해야 했던 더 세련된 언어와의 접촉으로 인해 현저히 변질되었다. 한 편에서는 독일어로 인해, 또 한 쪽에서는 스페인어로 인해 로마니아 어의 토대가 너무 많이 변질되었기 때문에, 독일의 '검은 숲'[84]에 사는 보헤미아 사람이 안달루시아에 사는 동족의 사람과 대화를 나누는 것은 이제 불가능하게 되었다. 물론 몇 마디만 나눠보면 두 사람 모두 같은 언어에서 파생된 사투리를 말하고 있음을 충분히 알 수 있긴 하다. 자주 사용되는 몇몇 단어들은 모든 사투리에 공통인 것 같다. 이처럼 내가 접했던 모든 사투리에서 'pani'는 '물'을, 'manro'는 빵을, 'mâs'는 고기를, 'lon'은 소금의 의미를 각각 가지고 있다.

수의 명칭은 어디서나 거의 같다. 보헤미아의 독일 사투리는 스페인 사투리보다 보헤미아 사람들의 고유 언어에 더 가까운 것 같다. 왜냐하면 지타노들이 카스티야의 문법 형태를 채택하고 있는 반면, 독일 사투리는 본래의 문법 형태를 많이 간직하고 있기 때문이다. 그렇지만 몇몇 단어들은 예외이며, 이를 통해 과거에는 언어가 공통이었음을 알 수 있다. ―예컨대 독일 사투리의 동사

---

84 독일 서남부에 있는 산림 지대(Black Forest), 즉 슈바르츠발트(Schwarzwald)를 가리킨다.(역주)

과거형은 항상 동사의 어근인 명령형에 'ium'을 붙여 만든다. 스페인의 로마니 어에서 모든 동사는 카스티야 어의 제 1군 동사에 따라 변화한다. 'jamar'(먹다)라는 원형에서 규칙적으로 'jamé'(나는 먹었다)를 만들고, 'lillar'(잡다)에서 'lillé'(나는 잡았다)를 만드는 것이다. 하지만 늙은 보헤미아 사람들 가운데는 예외적으로 'jayon', 'lillon'이라고 하는 자들도 있다. 나는 이와 같은 옛 형태를 간직한 다른 동사는 알지 못한다.

로마니아 어에 대한 하찮은 지식을 이처럼 열거하는 기회에 우리 프랑스의 도적들이 보헤미아 사람들에게서 차용한 몇몇 프랑스 속어를 몇 개 지적해둘 필요가 있다. 《파리의 비밀》[85]이라는 소설은 'chourin'이 '단도'를 의미한다는 것을 상류층 사람들에게 가르쳐 주었다. 이것은 순수한 로마니아 어에서 온 것으로서, 'tchouri'는 모든 방언에 공통된 단어 가운데 하나다. 비독[86] 씨는 '말'을 'grès'라고 부르고 있지만, 이 낱말 역시 'gras', 'gre', 'graste', 'gris'등과 같은 보헤미아 낱말에서 온 것이다. 다른 하나를 덧붙여두자. 파리 사람들의 은어로 '보헤미아 사람들'을 가리키는 'romanichel'이라는 단어가 그것이다. 이것은 '보헤미아 남자'를 의미하는 'romané tchave'가 변질된 것이다. 그러나 내가 자랑삼아 내세울 수 있는 연구는 'frimousse'에 대한 어원 연구이다.

---

85 프랑스의 소설가 외젠느 쉬가 1842년에서 43년에 걸쳐 발간한 소설 제목이다.(역주)

86 François-Eugène Vidocq(1775~1838) : 처음에는 도둑이었다가 나중에 경시청장이 된 유명한 인물로, 1826년에 《회고록》을 발표했다.(역주)

이것은 '용모', '얼굴'이라는 의미를 가진 낱말인데, 모든 어린 학생들이 사용하거나 내가 어렸을 적에 사용했던 말이다. 우선 우댕이 1640년에 그의 신기한 사전 속에 'firlimousse'라고 적어 놓은 것에 유의하길 바란다. 'firla', 'fila'는 로마니아 어로 '얼굴'을 의미하고, 'mui'도 같은 뜻이다. 그런데 이것은 바로 라틴 어의 'os'에 해당한다. 순수한 보헤미아 사람은 'firlamui'라는 복합어를 곧장 이해한다. 이 복합어는 보헤미아의 기질에 아주 적합한 것이라고 여겨지고 있다.

이 정도면 《카르멘》의 독자 여러분들에게 로마니아 어에 대한 나의 연구가 상당하다는 것을 보여주기에 충분하다고 생각한다. 마침 시의 적절하게 생각나는 속담 하나가 있어 그것으로 마칠까 한다.

"다문 입에 파리가 들어갈까.

(En retudi panda nasti abela macha.)"

옮긴이의 말

이 책은 19세기 프랑스의 대표적인 작가이자 고고학자였으며 역사학자이기도 했던 프로스페르 메리메(Prosper Mérimée : 1803~1870)의 단편소설 Carmen을 우리말로 옮긴 것이다. 번역 대본으로는 프랑스 갈리마르(Gallimard) 출판사의 플레이야드 총서(Bibliothèque de la Pléiade)에서 1951년에 간행된 메리메의 《소설과 단편(Romans et Nouvelles)》에 포함된 Carmen(609-666쪽)을 이용했다. 이 작품을 번역하면서 옥스퍼드대학 출판부의 옥스퍼드 세계 클래식(Oxford World's Classics) 총서에서 2008년에 재간행된 니콜라스 조첨(Nicolas Jotcham)의 영어 번역본 《카르멘과 다른 이야기들(Carmen and Other Stories)》에 포함된 《카르멘》을 참고했다. 그리고 국내에 나와 있는 《카르멘》의 여러 기존 번역본들 가운데 정기수(을유문화사, 1981)와 김진욱(범우문고, 2001)의 번역을 주로 참고했음을 밝힌다.

그 유명한 〈하바네라〉, 〈투우사의 노래〉 등과 같은 아리아가 들어 있는 조르주 비제(Georges BIzet)의 불후의 오페라로 우리에게 더 잘 알려진 《카르멘》은, 메리메가 1830년과 1840년 두 차례에 걸쳐 했던 스페인 여행을 바탕으로 구상되고 집필되어 1845년에 《르뷔 데 되 몽드(Revue des Deux Mondes)》에 발표되었던 작품이다. 이 잡지에 처음 게재되었을 때에는 《카르멘》의 제I, II, III장만이 포함되어 있었으며, 제IV장은 1847년에 간행된 판본에 처음으로 덧붙여진 것이다. 그 이후 이 작품은 음악 분야는 물론이고 수많은 예술 분야, 가령 영화, 발레, 연극, 인형극, 만화, 샹송, 그림 등과 같은 분야에서 그 내용이 변용되어 계속해서 반복되고 재창조되면서 유럽을 대표하는 하나의 '신화'로 자리 잡았다고 할 수 있다.

음악 분야의 경우, 메리메의 《카르멘》이 발표되고 난 뒤 30년 후인 1875년에 비제가 처음으로 같은 제목의 오페라를 작곡함으로써 카르멘의 신화화에 불을 지폈다. 특히 "태양의 음악"을 고안해냈다고 하면서 비제를 바그너(Wagner)의 경쟁상대로 여길 정도로 뛰어난 재능을 가진 작곡가로 평가하고 있는 니체(F. Nietzsche)가 《바그너의 경우》에서 내린 다음과 같은 평가는 카르멘의 신화화에 결정적인 기여를 했다고 할 수 있다. "어떻게 이런 작품을 인간이 만들어낼 수 있단 말인가! (……) 〈카르멘〉을 들을 때는 언제나 내 자신 그 어느 때보다 더 철학자인 것 같고, 더 나은 철학자 같다는 생각이 듭니다. (……) 내 생각에 비제의 음악은 완전한 것 같습니다. (……) 비제의 음악은 사악하고, 세련되었으며, 숙명적입니다. 그러면서도 대중적이기도 합니다. 이 음악은 한 개인이 아닌 한 종족의 세련됨을 갖추고 있습니다. 이 음악은 풍부합니다. 이 음악은 간결합니다. (……) 이것보다 더 고통스럽고 비극적인 느낌의 곡조가 흘러나오는 것을 일찍이 들어본 적이 있습니까? 하지만 이 얼마나 성공적으로 작곡된 곡조입니까? 겉치레로 꾸며대지 않고 속임수가 전혀 없으며, 거창한 양식의 환상이 담겨있지도 않은 곡조입니다."

그 이후로도 카르멘 신화화 작업은 계속된다. 가령 구스타브 말러(Gustave Mahler)의 오페라 〈카르멘〉(1900), 조르주 라벨리(Jorge Lavelli)의 오페라 〈카르멘〉(1978) 등이 그것이다. 그리고 카라얀(H. V. Karajan), 번스타인(L. Bernstein), 아바도(Cl. Abado) 등과 같은 세계적인 명성을 얻은 지휘자들, 마리아 칼라스(Maria Callas)와 테레사 베르간자(Teresa Berganza) 등과 같은 많은 여류성악가들, 그리고 플라시도 도밍고(Placido Domingo) 등과 같은 남자성악가 역시 카르멘의 신화화에 일정 부분 기여를 하고 있다 하겠다.

발레 분야에서도 카르멘의 신화는 계속 이어진다. 예컨대 1845년에 메리메의 《카르멘》에 바탕을 두고 마리우스 페피타(Marius Petipa)에 의해 창안된 발레 〈카르멘과 투우사(Carmen et son Toréro)〉, 1949년에 비제의 오페라에서 영감을 받아 롤랑 프티(Roland Petit)에 의해 창안된 발레 〈카르멘〉, 1992년에 비제의 오페라를 바탕으로 했으나 완전히 플라멩코 춤으로 각색되어 라파엘 아길라르(Rafael Aguilar)에 의해 창안된 발레 〈카르멘 플라멩코(Carmen flamenco)〉 등 역시 카르멘의 신화화에 적지 않은 기여를 했다고 할 수 있다.

하지만 카르멘의 신화화 작업은 20세기 매체의 총아라고 할 수 있는 영화를 통해 더욱 가속화된다. 아서 길버트(Arthur Gilbert)에 의해 처음으로 촬영된 십이 분짜리 영화로부터 현재까지 프랑스, 스페인, 이탈리아, 영국, 미국 등을 위시한 세계 여러 나라에서 카르멘을 주제로 약 삼십여 편의 영화가 촬영되었다. 그 가운데서도 세실 B. 데 밀(Cecile B. de Mille)의 〈카르멘〉(1915), 채플린(C. Chaplin)의 무성영화 〈카르멘〉(1915), 흑인 카르멘을 등장시킨 오토 프레밍거(O. Preminger)의 〈카르멘 존스〉(1943), 카를로스 사우라(Carlos Saura)의 〈카르멘〉(1983), 장 뤽 고다르(Jean-Luc Godard)의 〈카르멘이라는 이름〉(1983), 그리고 프란체스코 로시(Francesco Rosi)의 〈비제의 카르멘〉(1984) 등이 유명하다.

1845년 이후 이처럼 여러 분야에서 수많은 변용을 거치면서 유럽을 대표하는 신화로 확고하게 자리 잡은 카르멘 신화의 원형에 해당하는 메리메의 《카르멘》의 내용은 의외로 단순하다. 군인이었던 돈 호세라는 남자가 자유분방하고, 열정적이며, 충동적인 집시 여인 카르멘의 매력에 빠져 그녀의 사랑을 얻기 위해 동분서주하면서 저지르게 되는 질투, 탈주, 살인에 대한 비극적인 이야기이다. 여기서는 이 이야기를 토대로 씌어진 이 작품에 대해 다음과 같은 세 가지 점만을 지적하고자 한다.

우선, 이 작품의 이야기가 균질적이지 않은 글쓰기들로 이루어졌다는 점이다. 다음과 같은 두 가지 측면에서 이런 글쓰기의 모습을 볼 수 있다. 하나는 제I장, II장에서는 고고학자가 화자로 등장하고 있는 반면, 제III장에서는 사형선고를 목전에 둔 돈 호세가 고고학자에게 들려준 이야기를 이 고고학자가 다시 전하는 형태를 하고 있고, 또한 제IV장에서는 작가가 직접 화자로 등장하고 있다는 측면이다. 다른 하나는 제I장 초반부와 1845년에 처음으로 발표되면서는 포함되지 않았으나 1847년에 출간되면서 덧붙여진 제IV장은 마치 집시들의 언어에 대한 한 편의 소논문과도 같은 형태를 하고 있다는 측면이다. 실제로 이런 이유로 국내에서 한 번역자는 이 작품을 우리말로 옮기면서 제IV장을 제외하고 번역하고 있기도 하다. 메리메가 길지 않은 이 작품에서 이와 같은 이질적인 글쓰기를 동원하는 까닭은, 집시를 포함한 여러 부족들과 이 부족들에 고유한 문화의 차이와 다양성을 드러내면서 공존하는 스페인이라는 공간을 제대로 그리기 위한 서사적 전략의 결과라고 할 수 있을 것이다.

그 다음으로 이 작품이 여행기의 성격을 가지고 있다는 점이다. 앞에서 이 작품의 저자인 메리메가 1830년과 1840년 두 차례에 걸쳐 스페인을 여행했다는 사실을 지적한 바 있다. 이 작품에는 분명 이 두 차례의 스페인 여행 동안 메리메가 둘러본 스페인의 여러 지역에 대한 문화적 정보는 물론이거니와 특히 카르멘이 속해 있는 집시의 문화, 언어, 풍습 등이 자세하게 그려져 있다. 이런 점을 고려해서 이 작품은 일종의 '문화 여행기'라고도 할 수 있을 것이다.

하지만 메리메의 이 작품은 그 무엇보다도 비극적 주인공 카르멘의 '자유를 향한 열정' 이야기라고 할 수 있을 것이다. 돈 호세가 증언하고 있는 것처럼, 카르멘은 '자유'가 모든 것이고, "감옥살이를 하루 면하기 위해서라도 도시 전체를 불살라버릴 수도 있는 족속들"인 '보헤미아 사람들'에 속하는 인물이다. 마지막에 돈 호세가 신세계에 가서 같이 살기를 제안했을 때, 카르멘은 가차 없이 이 제안을 거절하고 만다. 물론 카르멘은 마지막에 돈 호세에 의해 비극적인 죽음을 맞이하고 만다. 하지만 역설적으로 카르멘은 이 비극적인 죽음을 통해 이 지상의 모든 구속으로부터 해방되어 '영원한 자유'를 누렸을지도 모를 일이다.

이 작품을 번역하는 동안 이 작품의 저자 메리메의 조국인 프랑스를 위시해 유럽의 여러 나라에서 '집시'들을 추방하는 가슴 아픈 일이 벌어졌다. 물론 최근에는 '집시'라는 단어를 잘 사용하지 않는다. 이 단어에서 인종차별적인 인상이 풍긴다는 이유에서이다. 그 대신 '롬(rom)'이라는 단어를 사용되고 있다. 어쨌든 자유, 평등, 박애를 국시로 내세우고 전통적으로 '관용'의 나라로 알려진 프랑스에서 롬들이 대거 추방되는 사태가 발생한 것이다. 유럽의회와 종교단체, 그리고 프랑스의 좌파 진영으로부터 이 같은 프랑스의 처사에 대한 불만이 표출되고 있기는 하지만, 롬에 대해 단호한 자세를 취하고 있는 자들의 입장에는 변화의 조짐이 없다. 하지만 예로부터 프랑스는 카르멘과 같은 집시들, 아니 롬들에게 문학을 포함한 여러 예술 분야에서 많은 빛을 지고 있지 않은가! 프랑스를 위시해 유럽의 여러 나라에서 롬들의 문제가 원만하게 해결되기를 바라는 마음 간절하다.

이 작품의 번역에 여러 사람의 도움이 있었다. 용석, 모세, 영민을 비롯한 '시지프'의 여러 회원들의 도움에 우선 고마움을 전한다. 항상 그렇듯 이제 진정한 '우리들'을 형성하고 있는 그들의 도움은 절대적이다. 그리고 익수와 윤지에게도 고마운 마음과 미안한 마음을 동시에 전한다. 끝으로 올 여름, 그 어느 해보다 더웠던 여름에 이 작품의 번역을 그야말로 처음부터 끝까지 차근차근 검토해준 부북스 신현부 대표께 감사의 말을 전한다.

2010. 10.
'시지프' 연구실에서

카르멘

초판 1쇄 인쇄 2010년 10월 25일
초판 1쇄 발행 2010년 10월 28일

지은이 프로스페르 메리메
옮긴이 변광배
발행인 모지희
편집인 신현부
발행처 부북스

주소 100-835 서울시 중구 신당2동 432-1628
전화 02-2235-6041
팩스 02-2253-6042
이메일 boobooks@naver.com

ISBN 978-89-93785-15-9 04080
ISBN 978-89-93785-07-4 (세트)